# 我が人生の記

渡辺喜太郎

青志社

# 我が人生の記

88 years old
2022年12月麻布グループ本社会長室にて。

# 我が盟友
# 逢えてよかった

亡くなられた安倍晋三元総理の父君、安倍晋太郎氏。竹下登と争った総裁選では、晋太郎氏を応援したが、残念ながら負けた。仁義を重んじ、侍のような男だった。

盟友で政治家渡辺美智雄、志半ば病死したが、超経済通のこの人が生きていたら日本の失われた20年はなかっただろう。

公私とも時間を共に過ごした恩人、日産自動車石原俊会長（中央）。（左はクラリオンの小山田社長）この人のバックアップがあったからこそ、中古自動車販売を制した、不動産をはじめとした事業の拡大に成功した。

# 我が人生の記

渡辺喜太郎

# まえがき

私は昭和九年、一九三四年の生まれである。昭和、平成、令和と三つの時代を生きてきた。現在八十八歳だ。

人は私の人生行路を、よく「ジェットコースター」になぞらえる。猛スピードでてっぺんに上りつめ、やがて急速に滑り落ちていく。そうした乱高下の激しさゆえだ。

その波乱万丈の道のりの中で、私は様々な方々と出会った。また、様々な経験もしてきた。交友関係の広さと深さ、踏んできた場数の多さでは、誰にも負けないと自負している。

本書は、そんな劇画のような人生を歩んできた私の、一代記であり交遊録だ。これまで話さなかった現代史の秘話やエピソードも、ふんだんに盛り込んだ。

東京大空襲で両親を失った戦災孤児の小学生が、学業を断念して丁稚奉公に出た。その小学生は成人してから会社を興し、わずか十年で業界トップにのし上がった。さらにはバブル時代の先頭を突っ走り、都心に百六十五か所の不動産、ハワイに六つの高級ホテルを所有。

「世界で六番目の金持ち」と認定されるまでになった。

一方では政財界、スポーツ界、芸能界の大物たちと交流し、自民党総裁選に関わったり、黒幕の薫陶を受けたり、プロ野球の監督人事に関与したりもした。

ところがバブルがはじけるや、あっという間に財産を失って、二度も逮捕されてしまう――。それでも私は潰されなかった。


渡辺美智雄さん、安倍晋太郎さん、中山正暉さん、笹川堯《たかし》さん、山口敏夫さん、森喜朗さんといった政治家や、国際興業の小佐野賢治さん、日産自動車の石原俊さん、三越の岡田茂さん、ダイエーの中内功さん、ヤナセの梁瀬次郎さんといった経営者、あるいは広岡達朗さん、野村克也さんといったスポーツ選手、千昌夫さん、森繁久彌さん、北島三郎さん、小林旭さんといった芸能人……こうした錚々たるメンバーと、私は親しく付き合いをさせていただいた。

田中角栄さん、安倍晋三さん、竹下登さんたちとも会って話したり、お世話になったりしたことがある。他方では、いわゆる黒幕やフィクサーの方々とも行き来して、裏社会の方々とも接点を持ったことがある。

私は彼らと楽しい時間を共有した。共に飲み、語り合い、船に乗り、麻雀をやり……時には表に出せないカネを出したり、密会させたり、愛人騒動からかくまったり、生臭いこともやった。濃い、熱い、痛快な日々だった。

近頃の日本は、「失われた三十年」などと言われるごとく、すっかり元気を失っている。おまけにコロナ禍や、ロシアとウクライナによる戦争の影響を受けての世界不況までやってきて、国民生活にも大きな影を落とし、人と人とのつながりも、前より薄まっているようだ。しかし、かつてわが国にも、熱気があり、濃密で、輝いていた時代があった。それが高度成長時代であり、バブル時代である。

私は昭和三十一年（一九五六）に、東京の麻布で中古自動車販売のお店を創業した。まさに高度成長時代が始まった時期だった。振り返れば、わが麻布グループの歩みとは、日本経済の歩みそのものであった。日本の高度成長と軌を一にして、わが社も発展していったのである。

そして一九八〇年代後半から一九九〇年代初期にかけて日本経済が、バブルという絶頂を迎えたときも、私はその中心にいた。〝バブル四天王〟、〝バブルのチャンピオン〟……いくつか異名も奉られた。丁稚奉公上がりの戦災孤児が、「バブル」を象徴する人物となったのである。思えばあの頃は、世の中がもっと明るかった。良くも悪くも、エネルギーに満ちていた。毎日、朝から晩まで、ハラハラドキドキ、ワクワクしていた。

本書をひもとけば、そういう熱気に満ちた明るい時代の雰囲気を、感じ取ることができるだろう。

さらに本書では、私が多くの経験を通じて体得した、〝生きる知恵〟も随所に入れた。本書は一代記、交遊録であり私の履歴書であると同時に、「人生の手引書」という面も持つだろう。

自分で言うのもおこがましいが、私の人生遍歴からは、多くの教訓を得ていただけるかもしれない。なにしろゼロからスタートして頂点を極め、また再びゼロに戻るという経験は、私以外誰もしていないなかったからである。

しかも私は、「戦前」「戦争」「終戦直後」を知る、数少ない生き残りでもある。私は学童疎開に行き、戦災孤児となり、丁稚奉公に出た。今の日本人のほとんどは、これらを一つたりも経験していないに違いない。

加えて高度成長時代も、バブルの絶頂と崩壊も、平成不況も経験した。いや、当事者として体験した。豪華な暮らしも貧乏暮らしも味わった。

そのうえ私は全ての「立場」に就いてきた。生まれながらの経営者と違って、まず丁稚奉公から出発し、サラリーマンを経て、経営者となった。つまり、下から目線も真ん中目線も上から目線も知っている。

これだけ豊富で特異な経験をしただけに、私は独自の経験知を持っている。本書では、それを惜しみなく披露したつもりである。経営者はむろん、サラリーマンや自営業、フリーターや学生、そして起業家を目指す人たちにも役立つ指摘があるはずだ。

私が本書の執筆を思い立ったのは、九十年近い人生を通じて得た経験、意見、知識、思い出を、今のうちに残しておきたいと思ったからだ。これは、麻布グループを率いた渡辺喜太郎という男の集大成でもあり、遺言書でもある。

本書を天国の両親と、妻、子供たち、孫たちに捧げたい。私がこの年まで何とかやってこられたのも、家族の協力があってこそのことである。特に孫たちには、祖父が経験した戦争や、戦後の歩みについて、何かを感じ取ってもらいたい。これからの日本を担っていくのは、孫たちの世代なのだから。

# 我が人生の記　目次

## 第二章　男おしんの時代……057



## 第三章　希望の地 東京麻布十番……111

## 第六章　政治家と男気

## 遺言……303

装丁・本文デザイン　岩瀬聡

# 第一章

# 戦災孤児

# 戦争

私の人生を語るにあたって、まず戦争の話から始めていきたい。

私のジェットコースターのような八十八年の人生は、「戦争」がスタート地点ともいえるからである。

いまウクライナでは、ロシア軍の侵攻により、多くの戦災孤児たちが苦しんでいる。戦闘が続けば続くほど、一人、また一人と肉親を失う子供たちが増えていく。まさに悲劇といえよう。

日本にとって、ウクライナは「近い」国ではないかもしれない。オンラインによる国会演説で、ゼレンスキー大統領も言及していたが、日本とウクライナの間には、八千キロを超す距離がある。飛行機を使っても、十五時間はかかる。

「そんな遠くでドンパチやっても、あまり実感が湧かない」

という人もいるだろう。ただでさえわが国は、つとに平和ボケを指摘されている。遥かかなたの戦争なんて、無関係だと感じる方が当たり前なのかもしれない。

しかし、ウクライナの惨状は、決して対岸の火事ではない。他人事でもない。なにしろロシアは隣国である。海を挟んではいるものの、日本もウクライナと同様に、プーチン大統領の〝お隣さん〟なのである。しかも日露の関係は、北方領土問題もあるうえに、必ずしも良好とはいえない。最近も、石油・天然ガス開発プロジェクトをめぐって揉めている。

また、同じく隣国である中国は、覇権主義を隠そうともせず、米国と陰に陽に対決している。あと数年で、中国は米国を追い抜くという分析まであるとかないとか。先般行われた中国共産党大会では、習近平主席が

「台湾統一のためには武力行使を放棄しない」

と演説した。台湾もまたわが国の隣人だ。中国は日本に対しても、尖閣《せんかく》諸島への領海侵入を重ねていることは、周知の通りであろう。

さらに、多くの日本人を拉致したうえ、核武装を進めている北朝鮮も隣国である。拉致被害者たちを返すこともせず、自国民が飢えているのにミサイルをつくり、それを日本の周辺に向けて撃ってくる……このように、日本を取り巻く環境は、とても安全とは言えないのである。

その一方、日本の政治家は頼りにならないように見受けられる。安倍晋三元首相の銃撃事件以来、政界と統一教会との関係が、連日報じられているけれど、ちょっと見ていて情けな

くなる。

大臣やら与党の三役やら、立派な肩書を持っている方々が、

「地元の皆さんの中にそういう関係者がいたのかもしれない」

「記憶にない、覚えていない、確認できない」

などととぼけたり、ばれるウソをついたりする。で、案の定ばれるとしぶしぶ認める。でも、全部明らかにしないから、またちょこちょこボロが出てくる……。私は二十二歳の時から会社を経営しているが、こんな対応をしていたら、企業はすぐ潰れてしまう。

私は統一教会のことをよく知らない。だから、教団と政治の関係について、発言するのは控える。しかし私も過去から現在まで、様々な政治家たちと交流してきた人間である。その経験から言わせてもらうと、どうも今の政治家は、統一教会の件ひとつとっても昔に比べて物足りない。何かこう、国を引っ張っていくような能力と迫力が感じられないのである。


かつて私が懇意にしていた政治家たちは、みな個性的で、勉強家で、エネルギーに満ちていた。常人とは違う感じがした。いかにも〝大物〟というオーラを発していたものだ。

そうした大物政治家の一人が、蔵相や外相を歴任した、渡辺美智雄さんである。私が最も親しくしていた政治家だ。そう、あの〝ミッチー〟である。ミッチーさんは抜群の実力の持

ち主だったが、数々の放言で、しばしば物議を醸した政治家でもあった。

「野党支持者は毛バリに引っかかる魚と同じ」

という例の「毛バリ発言」など、今も記憶している方がいるだろう。だけど渡辺ミッチーは、失言しても騒ぎを起こしても、小賢しい言い訳などしなかった。ばれるウソなどつかなかった。そして何より、誰よりも経済に精通していた。渡辺さんがどれほど経済に通じていたか、一つ例を挙げてみよう。政府が地価を下げる政策をとった際、ミッチーさんは次のように憤り、喝破していたのである。

「世の中というのは機織《はたお》りの機械と同じで、『座』という歯車が回ることで動いている。『座』で人間社会が全部つながっている。だから、不動産という『座』だけ外して強引に土地の値段を下げたら、ほかの『座』も回らなくなって、大変なことになっちゃう。元に戻るのに三十年か四十年かかるよ」

この憤りから三十年余り。強引に地価を下げたため、バブル経済は崩壊し、未だ日本はその後遺症から立ち直れていない。事態はまさしく渡辺さんの指摘通りに推移したのである。ミッチーが、いかに経済を根本的に理解していたか、この発言一つでよくわかるだろう。これが本物の政治家だ。渡辺美智雄はかけがえのない、余人をもって代えがたい政治家だったのだ。ああいう立派な政治家は、昨今の政界には見当たらないと言わざるを得ない。

近年、「経済安全保障」が盛んに議論されている。安全保障は軍事に限らず、サプライチェーンの強化や技術流出防止など、経済分野も含むというわけだ。その通りだろう。新型コロナの発生当初、中国からの輸入に頼っていたマスクが品薄となり、サプライチェーンの重要性が叫ばれたのは記憶に新しい。

いざという時、自国で何も供給できないようでは、もはや国家といえはしまい。私自身、自動車輸入に携わり、多くの外車を輸入した経験を持っている。だから供給網の重要性は、人一倍わかっているつもりである。

しかしながら、政治も経済も結局は「人」である。人が政治を動かし、経済活動を担っている。私も何十年と会社を経営しているが、人次第で結果は全然違ってくる。経済安全保障を掲げるのはよいけれど、肝心の政治家がしっかりしていないと、立派な理念も法律も、看板倒れに終わってしまうだろう。

「内憂外患」という言葉がある。国内での心配事と、外国から受ける災難のことだ。物足りない政治家という「内憂」と、一筋縄でいかない隣国という「外患」。今の日本は〝内憂外患時代〟にあるというのが私の印象である。

私は戦災孤児となり、戦争のむごさ、悲惨さを体験した。あんな思いはもうたくさんだ、という気持ちを持っている。その私が今一番恐れていることは、中学生の孫が大人になった頃、戦争にとられてしまうことだ。

日本から戦争を仕掛けたり、仕向けたりすることは、おそらく無いだろう。けれども、近頃の「内憂」政治家たちを見ていると、これではしたたかな「外患」に対抗できないのではないか、日本もウクライナのようになってしまうのではないか――そうした懸念を捨てることができない。とにかく戦争だけはしてくれるな、というのが私の切実な願いである。

## 「学童疎開」

私はニュースでウクライナの映像を見るたびに、七十八年前を思い出し、胸が締め付けられるような悲しい気分になる。

七十八年前の昭和二十年。この年三月十日の東京大空襲で、私は父と母、そして妹三人を一度に失い、戦災孤児となった。その日、学童疎開で新潟にいた私は小学校五年生。不幸中の幸いで、今も元気な姉一人だけは助かったが、まだ十一歳の子供が家族五人を一気に失うことになったのである。

何気なく、「学童疎開」と書いた。だが、若い読者の方にはあまり馴染みがない言葉かもしれない。当時の社会の情勢も交え、少し説明しよう。続いて私の戦争体験である、疎開先の生活と、戦争の悲惨さについて述べていきたい。

昭和十六年十二月八日、日本は戦争に突入した。日本軍がハワイの真珠湾を攻撃し、アメリカやイギリスら、連合国との戦いが始まった。今は「太平洋戦争」と呼ばれるが、その頃は「大東亜戦争」と呼んだ。のちに私はハワイにいくつものホテルを購入し、毎年正月は彼の地で過ごすことになるのだが、子供だった私はもちろんそんな未来は知る由《よし》もない。

はじめ日本は優勢だった。連戦連勝のように伝えられた。しかし、次第に戦況は悪化していく。小学生だった私は詳しい情勢などわからなかったが、世間や周囲の雰囲気で、あまり良い方向に進んでいないことは感じていた。一番わかりやすいのは食べ物だ。配給される食事が日を追って、量も質も悪くなっていったのである。

現在もわが国は、「子供の貧困」が深刻化している。私が〝チャンピオン〟と呼ばれたバブルの頃には、日本は〝飽食の時代〟といわれたものだ。私のいた麻布でも、

「今日夕飯どうする?」

「じゃあイタ飯のコースで!」

といった会話があちらこちらで飛び交っていた。

それが今や厚生労働省の調査によれば、実に子供の七人に一人が貧困状態にあるとのこと。

昔のように戦争中でもないのになぜ、と悲しくなるが、とにかく食べ盛りの子供にとって、腹いっぱい食べられないというのはつらいことだ。

米軍による本土空襲も始まった。私は現在の江東区にあたる、東京の深川で生まれ育ったが、なにぶん首都ゆえ狙われるのは目に見えている。

「東京も危ないから防空壕を掘ろう」

「そうだ、いつ空襲が来るかわからんから、こっちもつくっておかないと」

ということで、防空壕が各所に掘られ、私はその中で飯を食べたこともある。ウクライナでも、幼い子たちが防空壕にこもっているけれど、あの子供たちもかつての私のように、寒々とした地下で食事をしているのかもしれない。一度や二度なら防空壕で食事するのも楽しいかもしれないが、何度も重なると、たまったものではない。私は経験者だからわかる。

で、戦局の悪化を受けて始まったのが、「学童疎開」という制度である。空襲の被害を避けるため、大都市の児童を農村や地方都市に移動させることになったのだ。

地方に親類がいる者は、それを頼って移住する。が、うちは田舎に近しい縁故がいなかった。そのため私は通っていた八名川小学校の同級生らと共に、新潟県へと移り住むことになったのである。

家族と離れ離れになる不安、疎開先で歓迎されないのではという不安……不安はいくつもあった。とはいえ、友達が一緒だし、心配だらけというわけでもなく、最初は半ば《なか》遠足気分であった。

## 特別列車

ピュ〜、シュッ、シュッ、シュッ、シュッ。

昭和十九年八月十九日の夕方、八名川小の四年生から六年生、三百三十名を乗せた汽車が白煙を上げて上野駅を出発した。

当時は疎開用の特別列車が出ていた。三百三十人の児童は三十名ずつ十一組に分かれ、新潟の村々へと向かうのだ。私の行く先は新潟県の北蒲原郡乙村《きのと》。疎開列車の終点だ。旅立つ教え子たちのために、引率の先生がつくってくれた歌がある。

♪昭和十九の八月に　移りしわれら三十名　村の情けに育まれ　浮かぶその名も乙寮……

あの日から八十年近くの歳月が過ぎた。私ももう九十近く。同級生は多くが鬼籍に入ってしまった。それでもこの思い出のメロディーは、一字一句諳《そら》んじている。やはり、子供の頃に強く印象づけられたものは、年をとっても忘れないものである。

学童たちを乗せた汽車は、翌八月二十日、終点の新潟県の平木田駅へ到着した。確かお昼前、十時か十一時頃だったと思う。改札を出ると、私と同年配の子供がたくさんいた。地元の小学生たちが、迎えに来てくれたのである。おかげで「東京から来た僕たちは歓迎されないのではないか」という不安は少し薄らいだ。

駅から降り立つと、馬車ならぬ牛車が用意されていた。リュックサックを背負った私は三十名の仲間と共に、それぞれ牛が引く荷台に乗り込んだ。馬車と違って颯爽《さっそう》と進むわけではなく、ノロノロのんびり進んでいく。

半ば遠足気分で疎開に出た、と記したが、実際に現地に来てみると、やはり緊張してきた。

みんなも押し黙っている。

ガタ、ガタ、ガタ……。

木製の荷台は揺れ続ける。なにせ田んぼのあぜ道だ。舗装なんてされていない。ガタ、という音を聞くたびに、不安がつのっていく感じがした。

やがてお寺が見えてきた。境内に建っているらしい、三重塔も見えてくる。すると、御者のおじさんが教えてくれた。

「あれが、お前たちを泊めてくださる乙宝寺《おっぽうじ》だて」

現・胎内市の乙《きのと》にあるお寺である。

牛車がお寺に到着すると、境内にある「乙寮《きのとりょう》」に案内された。木造平屋の大きな建物であった。お寺にお参りにやってきた信者が、宿泊する施設だそうである。ここが、東京から来た学童たちの、新たな棲み家となった。

乙宝寺は奈良時代、社会事業に尽力したことで有名な、かの行基《ぎょうき》が開山したという由緒正しい古寺である。松尾芭蕉が『奥の細道』の際に参拝し、

「うらやまし浮世の北の山桜」

と詠んだことでも知られている。

## 「福運」の原点

さて、いよいよ乙宝寺での生活が始まった。引率の先生と、三十名の学童たちとの集団生活だ。近くの乙小学校に通い、昼食は学校で弁当を食べる。朝と夜は十五人ずつ二手に分かれ、米沢屋と桂亭という近所の店で食事した。いずれのお店も、子供たちにとても親切にしてくれた。でも残念だったのは、食事の量が少なかったことである。

〈新潟に行けば、東京よりはメシの量が多いだろう〉

と、淡い期待を抱いていたのだが、食糧難は全国共通だったらしい。弁当が空だと学校でバカにされるから、朝飯を食わず我慢して、その分を昼の弁当に入れて持って行ったこともある。やはり戦争なんてするものではない。

小学生にとって、食事と並んで大切なのは友達の存在である。私は深川で、たくさんの友達に恵まれた。だが、疎開先でも友達がつくれるか、ちょっぴり不安を抱いていた。なにせ「よそ者」だし、地方と東京とでは勝手が違う所もある。

でも私には、町会長を務めた父親譲りの社交性が備わっていた。おかげですぐ、乙村の子供たちとも仲良くなれた。学校の無い日など、友達の家へ遊びに行き、ついでにお昼をごちそうになったことさえ何度もある。

のちに私は仕事でも、この社交性を遺憾なく発揮した。取引先の主人ばかりか奥方の懐にも入り込んだ。家の前を掃除したり、子供の学校の送り迎えをしたり、頭も足も使った。しかし私は、そうした独自の営業法を、嫌々やっていたわけではない。

人と会って会話する。そのこと自体が楽しかったのである。疎開先で、新しい友達と話すことが楽しかったのと同じだ。「好きこそものの上手なれ」というけれど、私はお客様と話すこと、それ自体が好きだったから、営業上手になれたのだろう。父譲りの社交性は、私の人生を楽しくしてくれた——あらためてそう思う。

また、父は私に社交性以外のものも授けてくれた。何かといえば〝秘密道具〟。といっても、何も特別なものではない。オーバーコートなどの「洋服」だ。父は洋服の仕立て屋だったから、私のために服をつくって疎開先に送ってくれた。しかしその洋服が、思いのほか役に立ったのである。

「衣食住」というけれど、戦時中は食料のほか、衣類もまた不足していた。特に農村では、着るものがあまり手に入らず、衣類は貴重品扱いだった。私は父が仕立ててくれた服を独り占めせず、同級生らに配った。そうすると、友達ばかりか親たちからも感謝され、御礼にごちそうを振舞ってくれるのである。

「うちの父がつくってくれたものです。よかったらどうぞ」

「悪いわねえ……ご飯食べてく？」

といった具合である。お餅など、食べ物を土産にくれることもあった。父が送ってくれた洋服は、私に多くの友達と、食料とを与えてくれたというわけである。

近代日本を代表する作家・幸田露伴は「分福」という概念を説いた。

「自分が得た福を、他人にも分け与える人には、福運が何度もやってくる」

というものだ。

私がやっていたのはまさにこの「分福」である。いや、服を分けていたから「分服」だろうか。むろん当時は子供だから、露伴に倣《なら》ったわけでない。好意半分・生きるための知恵半分、自ら考えてやったことにすぎない。

でも、このたびあらためて半生を振り返り、さすが露伴は社会の本質を突いている、と実感した。というのも、私はこれまでの人生で、多くの人々に世話になり、そしてその方々たちに恩返しをし、またお世話になり、恩返しをする……そうした「福」のキャッチボールを数えきれないほどしてきたからだ。


私は事業家として成功したのち、国会議員に多額の献金をするようになった。その額およそ三十億円以上に及ぶ。しかし、彼らに頼み事をしたことはほとんどない。あることはあるが、ほんの、片手で数えられる程度である。信じ難いかもしれないが、本当にそうなのだ。

スポーツ選手や芸能人の面倒も見た。当たり前だが、彼ら彼女らは権力も権限も持っていない。世話を焼いてもお返しは、何かの折に来てもらう、といった程度のことでしかない。

では、私はあげっぱなしで何も得られなかったのか。政治家たちに払ったお金は無駄だったのか。いや、決してそうではなかった。そうしたお金は、私にあまたの無形の財産を与えてくれたのである。

無形の財産とは何か。それは得難い経験であり、広がった人脈であり、拡大した視野であり、深まった思考であり、増大した知識であり、楽しい時間であり……エトセトラだ。しかも、それら無形の財産は、回りに回って結果的に私の商売にもプラスになったと思う。

私はイ・アイ・イの高橋治則さん（五輪で話題の元電通の専務高橋治之さんの弟）、秀和の小林茂さん、第一不動産の佐藤行雄さんと共に、〝バブル四天王〟の一人に数えられた。『フォーブス』誌認定の、「世界第六位の富豪」にもなった。そこまでになれたのは、豊富な無形の財産が、私の力になったためだと確信している。経験、人脈、視野、思考……その他もろもろの見えない力が、有形の財産を、より大きくしてくれたのだと思う。

バブル崩壊で地獄を見たのも事実である。が、「福」を分け与えたことにより、普通は見られぬ天国も、この目でしっかり見ることができた。これを「福運」と呼ばずして、いったい何と呼ぶのであろう。そんな私の「分福」の原点が、父が送ってくれた服かと思うと、亡父にあらためて感謝の気持ちを伝えたくなる。

〈お父さんがつくってくれた洋服たちがきっかけで、楽しい思い出もたくさんできたし、世界で六番目の金持ちになれたよ〉と。

疎開先でのこんな思い出もある。私は父譲りの社交性に加え、「分服」のおかげで地元に多くの友達をつくった。中でも印象深い友人が、一級上のガキ大将だった男である。彼は常

に子分を引き連れ、私がいじめられたりすると、

「コラァッ！」

と絶えずかばってくれた。まさにドラえもんに登場するジャイアンだ。彼は今でも健在で、ちょくちょく連絡をとりあっているが、おかげで未だに頭が上がらない。戦後、この〝新潟のジャイアン〟は東京へ来て、トラックの運転手になった。よく麻布にある私の会社へ遊びに来て、ちょうど来店していた私の知人の娘と結婚した、なんていう因縁もある。彼とは昔を懐かしみ、二人で疎開時代にいつも食事した、米沢屋まで泊まりに行ったこともある。

麻布で会社を立ち上げたときには、このガキ大将をはじめとする疎開先の友達や、のちに丁稚奉公した栃木県の人たちが、七、八人集まって私を激励してくれた。二十歳くらいの時から五十歳くらいの時までは、疎開のメンバーで同級会もやった。実は私と妻との結婚も、〝新潟のジャイアン〟がキューピッド役を務めてくれた。

ともあれ、私は疎開先で――その後の人生でもだが――人間関係には恵まれたので、

「学童疎開といっても楽しそうじゃないか」

と思われる方もいるかもしれない。

しかし、やはり疎開生活とはつらいものなのである。なにしろ家族がいない。それまでは、家に帰れば当たり前のようにいた親がいない。きょうだいもいない。いくら友達がたくさん

いても、小学生の子供にとって家族、特に親がすぐそばにいないということは、実につらい。雪と寒さもしんどかった。疎開した当初は八月だったから、新潟も銀世界ではない。だが十一月も半ばを過ぎると、日本海から「シベリアおろし」という強風が吹き始め、雪もどんどん降ってくる。東京にも雪は降るけれど、やはり新潟は〝本場〟である。何というか、「厳しい」。

一度だけ会ったことのある、越後生まれの田中角栄さんは、

「越後人にとって雪は生活との戦いだ」

「トンネルを抜けると雪国であった……という川端康成の世界じゃない」

とよく言っていたそうだが、なるほどその通りである。

淋しさと寒さに耐えかねて、蒲団をかぶって枕を濡らしたことも何度かあった。私が宿泊していた乙賽の周辺は、夜、風が吹かないと、あたり一面しんとして、静寂の世界になる。すると、どこか遠くで走っている、夜汽車の哀しそうな汽笛が聞こえてくる。それを布団の中で聞くと、

〈ああ、ああやって東京から汽車でやってきたんだなぁ……〉

と、上野を出発した日を思い出し、

〈あの汽車に乗れば、東京に帰れるんだなぁ〉

〈お父さんとお母さんに会えるんだなぁ〉

〈お姉さんや妹たちは元気かなぁ〉

と〝望郷の念〟にかられてくる。そうなると、もう涙が出てきて止まらなかった。

一緒に東京から来た友人らも、思いは同じであったから、

「寒い」

「東京に帰りたい」

「お父さんとお母さんに会いたい」

などとしょっちゅう言い合うようになった。

そんな折、「ビンタ事件」が起きたのである。

## 両親との別れの時

厳冬のある日、みんなのホームシックがピークに達した頃だ。私たち疎開の学童たちが集まり、誰からともなく一斉に叫び出したのである。

「東京に帰りたい！　帰りたい！」

そこへ、大声に驚いた先生が現れ、真っ赤な顔で

「並べ！」

とチビッ子たちを並ばせた。そして順番に、ビンタによる制裁を加えてきた。私も

――バシッ！

と、大人の力で思い切りやられ、雪の積もった庭へと吹っ飛ばされた。しかもそれでおさまらず、続けて冷たい軒下で、長時間正座させられたのである。

私たちも声を張り上げたから、良くない行動をとったのは事実だ。でも、悪質ないたずらをしたわけではない。それに、私たちは自分の意志でも家族の意志でもなく何でもなく、戦争によって無理やり親元から引き離されたのだ。そんな子供たちが早く実家に帰りたいと思うのは、ごく自然な感情であろう。それなのに、手加減せずにひっぱたき、正座させるとは。

おそらく先生も、元々はこの程度のことで手を上げる人ではないだろう。戦時下の空気というか、社会に蔓延していた軍国主義的ムードに毒され、やってしまったのであろう。田中の角栄さんも、軍隊時代はしばしばビンタを食らったそうだが、戦争というものは、戦場にいない人間にも、様々な悪影響を及ぼすものだとつくづく思う。

昭和二十年（一九四五）の元旦、両親が訪ねてきてくれた。前年八月に疎開して以来、約四か月ぶりの対面である。

雪国の息子が冷えないように、と思ったのか、両親は腹巻を持ってきてくれた。戦後になってわかるのだが、この腹巻は、寒さをしのぐこと以外にも価値があった。父が送ってくれた洋服を、先に〝秘密道具〟と表現したが、今度は比喩《ひゆ》ではなく、文字通り秘密道具であった。いや、それどころか、〝命綱〟とさえいえるものだったのである。詳しくはのちほど記そう。

しかし――しかしである。久しぶりに両親が来たというのに、面会時間は五分、たったの五分だけだったのだ。なんでも学校だか何かの規制で、そのように決まっているとのこと。だから久々の面談は、階段の所でわずかばかり話をしただけで終わってしまったのである。

私はこのときの両親との面会を、今でもたまに思い出す。で、その都度考える。〈丸一日とはいわないが、せめて一時間くらい会わせてくれてもよかったんじゃないか？　たとえ戦争中であっても、五分だけというのはひどいんじゃないか？〉と。

私は軍事の専門家ではないし、当時の政府がとっていた政策について、詳しく知っているわけはない。学校行政についてもまたしかりである。だが、〝少国民〟（戦争中は小学生をこう呼んだ）の一人だった立場で言わせていただくと、疎開先の子供に会いに来た両親を、すぐ追い返すようなやり方は、道理に外れていると思う。私たち親子は出征中でもなく、軍事工場に関係していたわけでもない。機密を知る立場だったわけでももちろんない。

そうした市井の普通の親子が久々に会っただけなのに、ほんのちょっとの時間でまたすぐ引き離してしまう。

そんな規制をつくった側にも、杓子定規《しゃくしじょうぎ》に対応した学校にも、私は当時も今も納得がいかない。せっかく長い時間をかけて東京からわざわざ私に会いに来てくれた両親も、さぞかし残念であっただろう。

戦争とはこのように、戦闘に直接参加していない人間をも、不幸にするものなのだ。年齢や性別は関係ない。

とにもかくにも人を不幸にするものなのである。今のウクライナでも、私ども親子のようなケースが起きているのだろう。いや、これまで起こった全ての戦争において、似たようなケースが発生していたのであろう。

そして、この昭和二十年一月一日のわずかな五分間が、両親との最後の別れになってしまったのである。

別れ際に腹巻とは別に、父が一冊の我が家のアルバムを渡してくれた。

「喜太郎、淋しいとき、これを開いてみんなを思い出してな」

後の東京大空襲で家族も家の思い出の品、すべてを失ってしまった私にとって、家族がいっぱい写っているこの一冊は、何ものにもかえがたい、両親と妹たちの唯一の形見の品となった。

昭和二十年八月十五日、ようやく戦争は終わった。日本は負けてしまったのである。

〈戦争が終わったから、やっと東京へ帰れるのだろうか。家族のみんなと会えるのだろうか〉

私は一刻も早く父と母、きょうだいたちに会いたいと思っていた。疎開仲間もみんな同じ思いであった。そして東京から、わが子を迎えに来るために、続々と疎開児童の親たちがやってきた。

〈今日かな、明日かな？〉

ところが、待てど暮らせどうちの両親はやってこない。友達は次々と、親に連れられて帰京しているのに。

〈……何かあったのかな？　手続きみたいなものが遅れてるのかな？〉

一人、また一人と、友人たちが減っていくから、いても立ってもいられなくなってくる。

一週間くらい経ったとき、

〈ひょっとしたら、うちの家族はみんな死んでしまったのかもしれない〉

と感じ始めた。しかし、家族がどうなったか誰も教えてくれないから、ひたすら待ち続けるしかない。

やがて、私たち残留児童は、乙村から近くの菅谷村の施設に移動させられた。そこには、他の村から来た残留児童も集まっていた。

さらに、この菅谷村から、築地村の総持寺へと移されることになった。年末になると、共に上野を発った八名川小学校三百三十人の児童のうち、残留組は私を入れてたった六人だけになった。

学校に通うこともなく、食料もない。迎えも来ない……ひもじい、悲しい日々が続いた。食べ物を買おうにも、お金が無い。後年、私はバブル崩壊に直撃され、多くの資産を失いつらい思いをしたけれど、この終戦直後の飢えと金欠に比べれば、まだマシだった。

〈本当にみんな亡くなってしまったのだろうか〉

〈どこかに食べ物はないだろうか〉

途方に暮れていたときに、寮母さんがこう教えてくれた。

「お正月にご両親が持ってきてくれた腹巻の裏地に、お札が縫い付けてあったわよ」

何と、わが両親は、いざという時のために、密かにお金を残しておいてくれたのである。

「……」

嬉しくてありがたくて涙が出た。腹巻には百円札一枚が縫い付けられていた。

私はこの腹巻のお金に、どれだけ助けられたかわからない。なにせ飢え死に一歩手前だったのだから。むろん全額、胃袋へと消えた。まさしく〝命綱〟だった。

のちに私はウン千億円の資金を動かすようになったが、このときのお札一枚は決して忘れられない大金だった。お金の価値は額面では決まらないと思う。額面ではなく、持ち主の気持ちによって大きくも小さくもなるものであろう。

八十年近く経った現在も、両親と腹巻には感謝し続けている。

また私はこの件に関し、寮母さんにも感謝した。この時代、左うちわで暮らしていた人は、ごく一部に限られていたはずである。寮母さんも、楽な生活というわけではなかったであろう。それなのに、言葉は悪いがくすねたりせず、お札の存在を教えてくれた。ヤミや盗みが横行していた時代でもあるのに、変な真似はしなかった。私は「人」に恵まれた男だと、つくづく思う。

## そして父と母は来なかった

年が明け、昭和二十一年の一月になって、ようやく家族が迎えに来た。

だが、しかし――父と母は来なかった。妹たちも来ない。

〈…………〉

三歳年上の、姉が一人で来たのだ。栃木県の足利に住む、母親の従兄弟のおじさんも一緒であった。

〈……やっぱり……みんな……〉

私の心臓が高鳴った。

姉は言いづらそうに口を開いた。

「喜太郎、実は……」

そのとき初めて、十か月前に両親と、妹三人が亡くなったことを知らされた。

昭和二十年三月十日の東京大空襲で、みんな、いなくなってしまったというのである。

のちに三月十日の状況を、現場にいた姉は、私に諭すようにして話してくれた――。

その日、空襲が始まると、町会の防空班長を務めていた父は、立ち退いていない人はいないか見回りに行った。母と姉と妹三人は、父と待ち合わせの場所を決め、先に家を出て逃げた。ところが、見回りに出た父は、なかなか待ち合わせの場所にやって来ない。その間も、火の手はどんどん迫ってくる。しかし、父を待つ母は、

「お父さんとここで落ち合う約束だから待っている」

といって、その場を離れようとしない。

しばらく経って、父が待ち合わせの場所に追いついた。姉を含め家族六人は、すぐに隅田川と反対の、火の手の勢いが弱い菊川橋方面に逃げ出した。

姉は言った。


「隅田川に架かる新大橋方面に逃げたら、みんな助かったのにと、今でも悔しい。

父が森下の交差点で待っていた私たちに追いついてきて、一緒に新大橋と反対方向の住吉町に向かって逃げたんだ。

焼夷弾が周辺の家にどんどん落ちてきて、燃え上がった火が風に煽られ、逃げる家族みんなのすぐ近くに迫ってきたんだ。それは恐かった。必死になって逃げた。

菊川橋まで来たところで、反対側から逃げてきた人たちとぶつかってしまってね。橋の上は人がひしめきあって大混乱になっていたんだ。

その大混乱の渦に巻き込まれ、妹がはぐれてしまった。それで、お父さんが捜しに行ってしまったのよ。

それからいくらも経たないとき、橋の上の人たちに業火が襲ってきて、家族の頭巾や着ているものが燃え出した。

私はお母さんに『早く川に飛び込むのよ』と言われ、熱くてたまらくなって飛び込んだの。川には筏《いかだ》がたくさん浮いていた。川面に浮き上がった私の周りは、飛び込んだ人たちでいっぱいだった。私は、その人たちと一緒に、橋の上にいる母親と妹たちが、真っ赤な炎で焼かれて死ぬ恐ろしい様子を、川の中から見てしまった。

両岸に立ち並ぶ建物が燃え、真っ赤な火を噴いたまま次々と川に倒れ込んでくる。そのたびに、息の続く限り水中に潜ったのよ。

川面には筏があるのでその間に浮かび上がるのが難しく、それは必死だった。背負っていたリュックは、いつの間にかなくなっていた。目の前で溺死したり、凍死した人もたくさんいた。

火が静まって陸に上がったのは、だいぶ下流だった。ようやく助かったのだが、体は火傷だらけになっていたの。

その翌日、菊川橋まで見に戻った。

橋の上は折り重なっている黒焦げになった死体でいっぱい。足の踏み場もないほどに。例えようのない悲惨な光景だったわ。

そこで、妹たちを背負った母親と思われる死体を見つけてしまったの。あまりの衝撃で、現実を受け止めることができず、ヘタヘタと座り込んでしまって。

◉オンブされた私。母ハツのぬくもりを感じる唯一の一葉。父吉之助は腕のいい下町の仕立て屋だった。戦災で亡くなった3人の妹たちはやんちゃでとても可愛かった。生きていればどんな女性として成長していただろう。

何日もの間、ボーッとして、うつけたようになってしまい、なんにも考えられない。お父さんも探しまわったのだが、見つからなかった。もしかしたら生きているのではないかと、かすかな希望を持ってずっと待っていたんだけど、とうとうお父さんは帰ってこなかった」

これが戦争である。つい八十年ぐらい前、この日本で起きたことなのだ。罪もない、幸せに暮らしていた人々が、一瞬で地獄へ落されてしまう……それが戦争なのである。

父は享年四十八歳、母は四十一歳で共に働き盛りの年齢だった。妹たちにいたっては、三人ともまだ十歳以下だった。みんな、まだまだやりたいことがあっただろう。夢も希望もあったであろう。それを、戦争が打ち砕いてしまった。

## 一生分の涙

アメリカ軍による日本への空襲は、昭和二十年の三月十日の前から激しくなっていた。前年の十九年夏、日本の勢力圏にあったマリアナ諸島のサイパン島が、米軍によって占領された。これで米軍は、サイパン島を基地として、日本本土を易々《やすやす》と空襲できるようになったのだ。

とはいえ、従来の空襲は、日中に軍事施設を狙ったものだった。当然のことだが、非戦闘員を標的にしたものではなかった。

ところが、三月十日の東京大空襲は違った。みんな寝静まっていた深夜、三百機のB29による民間人への無差別爆撃を行ったのだ。しかも、私の実家のある深川など、下町一帯をターゲットとした焼夷弾攻撃であった。そのころ下町の家屋のほとんどは、火災に弱い木造で作られていた。焼夷弾を食らっては、ひとたまりもなかったのはいうまでもない。

「う、うわ！　こんな夜中に空襲だ！」

「家が……家が燃えてる……！」

「助けてくれ……誰か……」

二十六万を超す家屋が焼失し、約百万人が家を失った。私の実家もあとかたもなく焼けてしまった。あの明るくにぎやかだった東京の下町は、一夜にして無惨な焦土、廃墟と化したのである。

そして、約十万人が、焼死した。

広島、長崎への原爆投下や沖縄戦と並び、先の戦争中、最も多くの犠牲者を出した空襲であった。

その中に、私の家族もいた。

後で聞いたところによると、昭和二十年の二月頃、一足先に帰京していた疎開仲間にも、亡くなった者がいたとのこと。

人の命と幸せと、そして財産とを一瞬にして奪ってしまうものといえば、戦争の他に天災がある。近年では、東日本大震災で多くの方々が亡くなったし、かつての関東大震災でもそうだった。コロナなど、疫病もまた多数の命を奪ってしまう。しかし、そうした災難の中で、人間が自らの意志で行うことは、戦争しかない。行うことができるなら、やめることもできるはず。何があっても戦争だけは、してはならないのである。

孤児になった私は、疎開先の総持寺で一か月の間、泣き続けた。なにしろ十一歳の小学生が、両親を同時に失ったのだ。昼も、夜も、布団にくるまって泣いた。

〈自分は独りぼっちになってしまった……〉

手元には、私を様々な意味で助けてくれた、例の〝秘密道具〟たちがあった。しかし、それらも〝形見〟になってしまった。眺めているうちに、また、涙が流れてくる。

〈この服、カバン、腹巻……〉

両親の手紙も残っていた。

「喜太坊や……お元気ですか」
「毎日お前の事を思わぬ日はありません」
「ガンバって下さい」
「お前にあふのをたのしみにして居ります」
「お前も御身大切にサヨナラ」

この、本当に「サヨナラ」となってしまった手紙を、何度も繰り返し読んだ。その都度また、涙が出た。

〈お父さん、お母さん……〉

その後の人生でも、悲しいことや苦しいことはいくつもあった。でも、この時ほどの悲しみや苦しみは、味わったことが無い。

一か月間泣き続け、一生分の涙を流した私は、少しずつ、心の平穏を取り戻していった。何か、慰みになるような出来事があったわけではない。

「時間」である。

ただ、時間が経っただけである。しかし時間とは、どんな悲しみや苦しみに対しても、人の心に落ち着きを与えてくれるものなのだ。

そのことを、私はこの一か月間で知った。むろん、完全に平静になったわけではない。しかし、時間が経つにつれ、他のことも考えられるようになっていったのである。

バブル崩壊や逮捕を経験した時もそうだった。苦難や悔しさに見舞われても、「時間」が落ち着きを取り戻させてくれた。「時間」が私を助けてくれた。小学生の身で両親を一度に失った私だが、何とか立ち直ることができた。人の心を平らにし、苦悩を縮小させていく。

時間とは、物凄い力を持っている。

〈いつまでも泣いているわけにはいかない〉

時間の力によって、私は徐々に前向きになっていった。そして、終戦の日に流れた玉音放送の一節「堪え難きを堪え、忍び難きを忍び」を思い浮かべ、

〈耐え忍んでいれば、きっといいことがあるだろう〉

とも考えるようになった。

シェイクスピアも、

「忍耐が肝腎だぞ。人は皆、泣きながらこの世にやって来たのだ」

と言ったそうだが、まさに私のこの時の心境は、泣きたいところを忍耐する、というものだった。

私は涙で濡れた布団を出て、泊まっていた総持寺の境内に出てみた。

〈……〉

ウロウロしているうち、ふと、立ち止まった。自然に足が止まったような感覚になった。

〈………〉

ややあって、心に湧いてくるものがあった。

〈……お父さんとお母さんが守ってくれる〉

これからは、亡くなった父と母が自分を守ってくれる。一人じゃない。お父さんとお母さんが、いつも近くで守ってくれてるんだ――そんな気持ちになったのである。

このときから私は、父と母が天国から守ってくれている、と信じるようになった。この後、丁稚奉公に出たときも、会社を立ち上げたときもそうだった。いや、今も、今現在も信じている。その両親への〝信仰〟を、心の支えにして、私は常に頑張ることができたのである。

亡き肉親が守ってくれているとの〝信仰〟を持つ人は、どうも私だけではないようだ。というのは、私の身近にいた二人の優れた人物も、「同志」だったフシがあるからである。

私が最も親しかった政治家が、渡辺美智雄さんだったことはすでに記した通りである。だがもう一人、懇意にしていた大物政治家がいる。

外相や自民党幹事長を歴任した、安倍晋太郎さんである。先だって非業の死を遂げた、安倍晋三元首相の父君だ。実は、全くの偶然なのだが、ミッチーさんも安倍晋太郎さんも若い頃、私と似た身の上にいたらしい。

渡辺さんの場合、生まれてすぐお母様が亡くなり、親戚の家へ養子に出されたという経験がある。かわいそうなことに、実のお母さんの顔を知らなかったそうだ。

渡辺さんはあの通り、明るく愉快な方である。「田中角栄以上」ともいわれた巧みな話術で、人を笑わせるのも得意であった。しかしああ見えて、子供の頃は非常につらい思いを重ねてきた方だったのだ。渡辺さんも幼き日、亡きお母様を思い、涙で頬を濡らしたに違いない。

安倍晋太郎さんもまた赤ん坊の頃に両親が離婚し、実のお母様の顔を知らなかったそうだ。しかも生き別れしたお母様は、その後早くに亡くなってしまったとのこと。学生の頃の安倍さんが、密かに母君を捜し続け、実家のある山口県から東京まで、足を運んだという話もある。安倍さんは衆議院議員を務めた安倍寛さんの息子で、義父は周知のように元首相の岸信介さん。だから苦労知らずの甘ちゃんと誤解され、〝プリンスメロン〟などと揶揄《やゆ》されることもあった。けれども、世間の知らない所で、安倍さんも大変な思いをされていたのだろう。

渡辺さんも安倍さんも、一本筋の通った政治家であった。背骨がしっかりしているというか、ブレないリーダーだった。

そんなお二人の、強靭な背骨を支えたものの一つに、「亡き母が守ってくれている」という〝信仰〟があったのではないか。戦争によって両親を亡くした私には、そう思えてならないのだ。

私がお二人と親しくなったのは、なにも、似た境遇の人を選んだからではない。紹介してくださる方がいて、意気投合したから仲良くなった、というだけの話である。

しかし、考えてみると、国会議員は七百名以上もいる。その中で、親の顔を知らない方は、ごくごく少数であろう。そのごくごく少数の政治家と、戦災孤児だった実業家が知り合う。これだけでもだいぶ珍しいことなのに、共に入浴する仲にまでなるとは。今になって思えば、亡き両親が、天国から私たちを結び付けてくれたのかもしれない――そういう気もしている今日である。

## 私には四つの故郷がある

戦災孤児となった私には、「もらい手」がいっぱいあった。

「もらい手」といっても十一歳の小学生だから、結婚の方ではない。養子縁組の方である。

豪農の出である寮母さんにも誘われたし、

「うちに来れば白いご飯が食べられる」

と言ってくれたところもあった。

私も食指が動いたが、学校にダメだといわれてしまった。誰か親戚が来るまでは、自分で決めてはならないというのである。

もし、このとき豪農の家に養子に入っていたら――。

今より楽な人生を過ごせたかもしれない。いや、おそらくそうだろう。でも、ゼロから積み上げていくことの醍醐味は、決して味わえなかったと思う。

そうこうするうちに、身の振り方が決まった。姉と一緒に家族の不幸を伝えに来た、栃木県足利に住む親戚が、私を引き取ってくれることになったのである。

新天地が定まったことで、私の戦争体験である、学童疎開は「終戦」となった。わずか一年数か月の疎開であったが、様々な意味で忘れられない体験となった。

その後も付き合いの続いた友達が何人もできたし、妻とのなれそめも疎開がきっかけだった。会社を興してからは、疎開で知り合った友人・知人を何人も雇った。私なりの恩返しのつもりである。

故郷といえば普通は一つしかない。しかし、私には四つの故郷がある。生まれ育った東京の深川と、この新潟の疎開先。後の二つはこの後丁稚奉公に出る栃木県の足利と、結婚生活をスタートした際の麻布のアパートである。

疎開列車で上野駅を出たとき、私は「半ば遠足気分」だった。でも実際は、そんな生易しいものではなく、多くの悲しみと苦しみがあった。寒さにかじかみホームシックにかかり、ビンタされ、両親と妹たちを失ってしまった。ただし、たくさんの友達ができるなど、楽しいこともあったといえる。人生は喜怒哀楽というけれど、強烈な怒哀と共に、喜楽もあったというのが私の疎開生活だったと思う。

人類はこれまで、無数の戦争を経験してきた。私が生まれた昭和九年から現在までに限っても、何度も戦争が起きている。

私も被害を受けた第二次世界大戦、朝鮮戦争、ベトナム戦争、イラク戦争……今もウクライナにおいて、激しい闘争が繰り広げられている。

しかも、冒頭で述べたように、他にも紛争の火種はいくつもある。日本の周辺も例外ではなく、〝内憂外患時代〟にある。政治家や、彼ら彼女らを選ぶ国民の判断次第で、わが国もウクライナのようにならないとは限らない。戦争を繰り返してきた人類は、今後も戦争を繰り返してしまうのかもしれない。

では世界から、戦争を無くすことは不可能なのだろうか?

私はそうでないと信じたい。前述したように、戦争を行うことができるなら、やめることもできるはず、と考えるからだ。とはいえ、軍事の専門家でない私が言っても、素人の理想論と一蹴されてしまうかもしれない。

しかし、戦争の天才であったナポレオンも、

「戦争はやがて時代錯誤になろうとしている」

「未来は知性であり、産業であり、平和である。過去は暴力であり、特権であり、無知であった」

「勝利はいつの日にかは大砲もなく銃剣もなしに達成されるであろう」

と言っていたそうである。

ナポレオンがこの世を去って約二百年。人類はまだ、時代錯誤の暴力を克服できていない。

だが、戦争の天才が、このように言っていたのである。今戦争を仕掛けている人々も、これから仕掛けようとしている人々も、まさかナポレオンほどの軍事的才能は無いだろう。私は時代錯誤で無知な人々より、天才の方を信じたい。

そして、孫たちが戦争にとられることなど無い、空襲で家族を失うことなど無い、平和な未来が来ることを祈っている。

# 第二章

# 男おしんの時代

# 十一歳の丁稚奉公

栃木県の足利市といえば、織物で有名である。

「足利織物」の歴史は奈良時代に始まる。江戸時代に「高機」という手織り機が普及してからは、産地として知られるようになった。

明治時代に入ると外国への輸出も盛んになり、昭和初期には「足利銘仙」と呼ばれる銘柄が人気となっていた。

私が丁稚奉公したのは、そうした足利の地場産業である、織物工場であった。

昭和二十一年一月、戦災孤児となった私は、足利に住む母方の親戚に引き取られることが決まった。母親の従兄弟のおじさんに連れられ、姉と共に足利行きの汽車へ乗り込んだ。

〈うわぁ、明るい……〉

県境の清水トンネルを抜けたとき、私は目を見張った

晴れていて、何もかもが明るい。

新潟の厳しい冬とは全然違う。

一変した風景に胸を打たれた私は、

〈この晴れた空が、両親と一緒に暮らした東京の深川森下町の空まで続いている同じ空なのだ〉

と思った。また、何か縁起が良いとも感じ、

〈これから行くところで、きっと良いことが待っているに違いない〉

と、気持ちが前向きになっていった。

汽車は足利市の山前駅に到着した。私は当然、親戚の家に向かうのだと思っていたが、違った。母方のおじさんは、

「姉が働いている工場へ行く」

などと言う。姉は半年前から織物工場で、住み込みで働いていた。なぜか、まずそこに向かうというのである。

「モリハル」と掲げてあるその工場へ着くと、そのまま主人の前へと連れていかれた。その場でおじさんに、

「『お願いします』って頭を下げろ」

と言われたので、

「お願いします」

と訳もわからず頭を下げた。

すると、主人とおじさんは、

「じゃあ、もう今日から……」

なんていう話をしている。ここでようやく説明があり、私は年季奉公で七年間、丁稚奉公に入ることを知らされたのである。

工場へ向かい出したときから、

〈何かおかしい〉

という違和感めいたものを感じてはいたが、まさか丁稚奉公に入るとは。

〈まあ、じたばたしてもしょうがない。こうなったら、ここで一生懸命やることだ〉

私は覚悟を決めた。いや、決めざるを得なかった。もう、深川森下町の実家は無い。父も母もいない。つまり、私には帰る家が無い。ここで嫌だと言ったところで、他に行く所は無いのである。この工場で生きていくしか道は無いのだ。

私は早速、仕事にかかった。初めての仕事は姉から引き継いだ。主人のお孫さんの子守りと、工場の手伝い、そして掃除である。半年前から働いている先輩・姉は丁寧に教えてくれた。

　それにしても――。

　つい一年半前まで、私たちきょうだいは、東京の深川で家族と一緒に暮らしていた。父も母もいた。それが今、家族と死に別れ、きょうだい二人して栃木県の工場で働いている。

〈お父さん、お母さん……〉

　両親は天国から守ってくれている。そう信じてはいる。だが、あまりに目まぐるしい運命の変化は、十一歳の身には過酷すぎたことも確かである。


「モリハル織物工場」は、主に「足利銘仙」をつくっていた工場である。銘仙とは絹を素材とした織物だ。縞模様《しまもよう》が特徴的な足利銘仙は、既述の通り昭和初期の人気商品だった。

　だが戦争が始まると、各所の織機は軍事資材として国に貸し出させられた。戦後になってもそれらの機械の返却は進まず、モリハル工場にも織機が六台しかなかった。自然、生産量も少ない。

　モリハル工場の社長、というより大旦那であり主人であるのが森春吉さんである。森さんは工場のほかに田畑を持ち、小規模ながら農業も営んでいた。相当なやり手の経営者である。

　工場には他に四十年配の若旦那がいた。しかしこの方は、心筋梗塞を患っていて病弱のようだった。そのため大旦那は、何かというと私を使った。それこそ朝から晩まで使った。ここで、奉公生活とはどのようなものか、一日の大まかなスケジュールを見てみよう。

丁稚奉公の朝は、夜の明けぬ暗いうちに始まる。すなわち五時起きだ。

まずは眠い目をこすりつつ、家の中や庭を一通り掃除する。五時半には機屋に入って織機を準備。八時になるとベルが鳴り、朝食をとる。八時半から夜中の十二時頃までは仕事漬け。途中、昼食と夕食の時間だけ、三十分ずつ休憩する。最後、機械の保守点検をやって一日が終了。

時に赤ちゃんのお守りなどが追加され、月に一度の休日には、主人の持っていた畑を耕してから遊びに行く——。

ざっとこんな調子の毎日で、遊ぶ暇などほとんど無かった。ちなみに月給というか一か月の小遣いは、たったの百円。その代わり、住み込みだから衣食住には困らない。

かつて、奉公に出た女性を描く「おしん」というドラマが社会現象になったが、私はさしずめ〝男おしん〟であった。いや、おしんよりももっと働いたと思う。

ただ、ドラマのおしんとは違って、私は恵まれていた。奉公先の主人である森さんが、

「喜太郎、喜太郎」

といって私を非常に可愛がり、鍛えてくれたからである。

おかげで私は短い時間で、銘仙の織り方を身につけることができた。主人から反物を見せられて、

「喜太郎、これ、どんな素材でできてる?」

と聞かれれば、すぐに拡大鏡で調べて
「縦糸は絹ですが、横糸は人絹《じんけん》です」

などと即答できるようになった。

大旦那である森さんが、私をみっちり仕込んでくれたのは、若旦那が病弱だったということがあるだろう。私を早く一人前に育てたい、そんな気持ちがひしひしと伝わってきた。

加えて、私が大人になったとき、立派に一本立ちができるようにしてくれたのだと思う。

鉄は熱いうちに打て、ということである。

主人は私に、よくこう話していた。

「喜太郎、お前はいつか東京へ行くんだろう。東京でどんなに成功しても、頭を下げないとダメだぞ。『実るほど　頭《こうべ》をたれる　稲穂かな』だぞ」

私は後々まで、この素晴らしい言葉をよく反芻《はんすう》した。私がいつのまにか
「すいません」

を口グセにするようになったのも、この主人の言葉に無意識のうちに影響されたせいかも

しれない。とにかく私はこの教えのおかげで、のちに経営者として成功した後も、絶えず頭を下げなければならない、周りに感謝しなければならない、という意識を持ち続けるようになった。

## 復学を断り商売を学ぶ

私が多くの先輩方に可愛がられたのも、あるいは多方面の方々と知己になれたのも、「頭をたれた」ことと無縁ではないと思う。ふんぞり返ってばかりいては、人が寄り付かなくなるし、人が寄り付かなければ仕事も上手くいかないものだ。

主人の森さんは、私に人並みの教育も受けさせたかったようだ。工場に入った直後の話だが、

「もうすぐ小学校六年生だろう。学校に通えるように手続きをするよ」

と言ってくれ、復学手続きを進めようとしてくれた。だが私は仕事を早く覚えた方がよいと思い、

「いや、勉強はあんまり好きではないし、商売を早く身につける方がいいです」

といって復学を断った。主人の家に、同学年の息子がいたことも気になった。主筋《しゅうすじ》の坊ち

ゃんと丁稚奉公とが同じクラスで机を並べたら、何かと面倒である。

学校に行かなかったせいで、つらい思いをしたこともないではない。同級生が学校にいるとき、自分は仕事というのは淋しい。いつか、赤ん坊を背負って子守りをしながら学校へ行ったら、同い年の子供たちが、みんなして授業を受けている。あれを見たときは堪えた。

〈戦争が無かったら、今頃は深川の小学校に通ってたんだろうな……〉

と想像したことも、一度や二度ではない。

しかし、結果的には、学校へ通わず丁稚奉公に集中したことで、私は商売の基本を身につけることができた。十代前半の身で銀行通い、手形割引といったビジネスの現場を経験したことは、その後非常に役立ったのである。

また、どうしたら主人に可愛がられるか、どうしたら大事にされるかといった処世術も、子供なりに一生懸命考えた。そういうことを考えるクセも、その後非常に役立った。

あるときこんな出来事があった。主人の奥様が、

「麦踏みを頼みたいんだけど、誰かいる？」

と言ったので、私は真っ先に
「あ、僕やります！」

と手を挙げた。私が赤ん坊をおぶっているのを見て、奥様は、

「でも、喜太郎は子守りがあるでしょう？」

と言う。しかし私は
「大丈夫です。足は空いてますから」

と答え、赤ちゃんを背負いながら長時間の麦踏みに勤しんだ。

実は、麦踏みをする畑というのは、主人のいる部屋からよく見える場所だった。そのため私は
〈麦踏みを頑張れば、ご褒美のお駄賃がもらえるかもしれない〉

と、しっかり計算していたのである。

案の定、主人は私の働く姿を確認し、お小遣いをくれた。そればかりか、

「ウチの喜太郎はよく働くし、よくできる。あれは使い物になる」

と近所に言って回ってくれた。おかげでそれ以来、あちこちからお手伝いの「注文」が舞い込むようになったのである。

田植えの手伝いから塀の修理まで、依頼は多岐に渡った。仕事の区別はせず、全部引き受けた。数をこなしたことで、私の技術も向上した。すると、手伝いの幅も当初より広がっていく。それがまた評判を呼び、依頼は年々増えていった。

あくまで「手伝い」だから無償だ。食事を腹いっぱい食わせてくれるだけである。だが、

手伝って損だとは思わなかった。

困っている人がいて、自分に何かを頼んでくる。それを引き受けるのは当然だと思っていた。みんなが喜べば、自分にもプラスになる。食べ物をくれるだけではない。私という人間を可愛がってくれるようになる。そうなれば、私の立場も良くなっていく。

私は貴重な休日も、すぐに遊びには出なかった。遊びたい気持ちを我慢して、午前中は麦踏みをした。そうしてから出かけると、主人の機嫌は非常に良くなった。私が出かけていくときも、気持ちよく送り出してくれるのである。

普通の会社でも、少し余分の仕事をやることで、評価が上がるケースはままあるだろう。私も経営者だが、その日の仕事をやり終えた社員が、帰社前に次の業務の準備をしたり、同僚の作業を手伝ったりすれば、その行動を良しとする。ちょっとした労力を積み重ねることで、評価も信頼も得られるのである。

ともあれ麦踏み、手伝い、我慢……それもこれも、戦災孤児になった私が身につけた、生きていく知恵であった。

私が奉公に入った頃、日本の織物業界は、戦争の影響でどん底にあった。が、社会が徐々に復興してくると、織物業界もまた元気になってきた。近所からも、ガシャ、ガシャ、という織機の音が聞こえてくるようになった。

私は子守りのついでに、よく近くの工場にある織機を見に行った。モリハル工場の織機の多くは貸し出したままで、残った織機も稼働していなかった。だから動く織機を目の当たりにするのは初めてである。

私はのちにクルマ屋、バイク屋になる男だ。もとよりメカは嫌いではない。この織機なるものにも興味を持ち、夢中になって観察した。

〈…………〉

何回も繰り返し見ているうち、織機がどう動き、どの部品がどこに配置されているか、すっかり覚えてしまった。そのことが、後で役に立ったのである。

丁稚奉公になって二年が経つと、モリハル工場にも十二台の織機が戻ってきた。しかし、その織機たちはボロボロで、正常に稼働する代物ではなかった。何年も雨ざらしで放置されたのか、赤サビまで噴き出ていた。

ここで私の出番がやってきた。父が一流の仕立て屋だったから、私も手先が器用である。しかも、近隣工場の織機を観察したせいで、機械の仕組みを理解している。私はサビついた織機を解体し、一つ一つの部品のサビを丁寧に落として潤滑油を塗り、ペンキで仕上げて組み立て直した。

すると、十二台の織機は、全て稼働するようになったのである。

十四歳かそこらの私が織機を甦らせたため、周囲の大人たちは度肝を抜かれた。「モリハルさんのとこの喜太郎さんに頼めば、何でも修理してくれる」という評判が広がり、「手伝い」の注文はさらに増えた。

驚くなかれ、足利銀行の支店長からも依頼が来た。支店長の家は織物屋もしていたが、織機が故障。その際「モリハルの渡辺喜太郎という小僧なら直せる」との噂を聞き、私に頼んできたのである。

当時、足利銀行の支店長といえば、地元では雲の上の存在だ。そんな貴族のごときお方の家に、丁稚奉公の小僧が招かれる。これも父譲りの器用さと、織機観察のおかげである。

近頃は、社員教育全盛で、それ専門の業者も少なくないと聞く。むろん、社員教育は重要であるに違いない。が、「見て覚える」習慣を身につけることも、また大事なのではないか。昔、よく言われた「まねぶ（真似して覚える）」というやつだ。できる先輩や同僚の作法を観察し、その長所を自分流に取り込んでいく。

古いと言われてしまうかもしれないが、織機を「見て覚えた」私は、そういう職人流儀の価値も、指摘しておきたいのである。

奉公先の赤ん坊が大きくなり、子守りが不要になった頃には、主人の森さんが持つ三反の田畑を任されるようになった。

当時は化学肥料や工作機械など無い。鍬《くわ》で畑を耕して、臭い肥溜めから肥料を運び、種をまく。雑草を鎌で刈り、種が実ったら収穫する……そうした田畑の仕事のもろもろを、早朝や、工場が休みの日にこなす。

大変だったのは肥溜めである。野外にある便所から、糞尿を汲み、それを工場の裏にあった肥溜めまで運ぶのだ。

糞尿満載の肥桶を、汚い格好をして運んでいたら、生憎《あいにく》憧れの女学生が自転車でやってきて、私をチラ見して通り過ぎて行ったこともあった。

〈あのときは恥ずかしかったな……〉

穴があったら入りたかったあの日を、八十年近く経った今でもありありと思い出す。

## もっと大きな仕事をしたい

モリハル工場に来て四、五年経ち、だいぶ仕事に慣れてくると、交渉事も任されるようになった。

その頃足利の織物業界では、それぞれの業者が自社工場でつくった製品を飾る、中卸店を持っていた。いわばショールームである。

そこに東京から問屋が買い付けに訪れ、展示されている製品を見て、数量や価格、支払い条件を話し合って決める。これが当時の織物屋と問屋の取引方法だった。

モリハルの「ショールーム」にも問屋が来る。で、まだ小僧っ子の私に近づいて、

「モリハルさん、五百匹（千反）の注文をとったけど、できるかな？」

なんて聞いてくる。そういうときにきちんと応対できないと、営業は失敗に終わってしまう。だから交渉事を成功させるためには、織物の勉強が欠かせないのである。

糸の種類や量によって、そこから取れる織物の生産数がわかる。また、糸を染めるにはどれくらい経費がかかるか理解していれば、おおまかな販売価格を素早く計算できる。

そうしたことを学ぶため、私は糸屋に出向いて数百種はある糸の種類や値段を調べた。染物屋へも足を運び、染色の技術や作業時間を学んだ。

やがて私は糸の種類や品質、量を頭の中で計算し、おおよその製造予算を割り出せるようになった。こうなったらもう、問屋との交渉術をマスターしたも同然である。

自分で会社を立ち上げたときの交渉術も、基本の部分は変わっていない。商品の種類や仕組みや品質を把握し、数量やコストも頭に入れ、様々な組み合わせを想定しておくというこ

とだ。裏を返せば、どんな小さな仕事からでも、交渉の基本は学べるということでもある。「もっと大きな仕事をしたい」と嘆く前に、もう一度、目の前の仕事をよく見て考えてみよう。たとえ小さな仕事に見えたとしても、大きな仕事に生かせる何かが見つけられるはずである。

私は丁稚奉公の身ではあったが、店を代表して問屋から糸を買い付けるようになった。幾多の交渉もした。わずか十五歳にして、モリハル工場の「工場長」兼「営業部長」のような存在になっていた。少なくとも自分では、そう自負していたのである。

いつの時代も、仕事のできる男はモテる。

十五歳で「工場長」と「営業部長」を兼ねた私も、例外ではなかった。かなりモテた。だいたい、織物工場というのは女性が多い。モリハルにも三十人ぐらいはいた。織物の産地・足利だから、近所にはいくつも織物屋がある。それぞれの店に、また女性がたくさんいる。人数が多ければ、美人の数もそれだけ多い……。

私は仕事も一生懸命やったが、女性との付き合いも一生懸命やった方だった。

足利では、冬になると、「石打銀嶺号」という名のスキー用臨時急行列車が通っていた。土曜日限定で、終点は湯沢のスキー場だ。足利の若者の間では、この「石打銀嶺号」に乗ってスキーに行くというのが、最高のデートコースであった。

当時十五、六の私も、十歳くらい年上の女性を連れ、この最高のコースを楽しんだことがある。


七年間の年季奉公を終えた私は、さらに一年、御礼奉公をすることになった。御礼奉公とは、奉公人が約束の期間の奉公をすませた後、恩返しとして働くことである。ただで奉公する場合が多かったようだが、私については恵まれていて、月給が倍の二百円となった。とはいえ、あの頃ラーメン一杯が三十円前後だったから、薄給極まりないことは間違いない。ちなみに同じモリハル織物工場で働いていた姉は、三年間で奉公を終え東京に戻っていた。

ともあれ、丁稚奉公生活は八年目となり、私も十八になっていたのだが、そこへ大きな試練がやってきた。

問屋の倒産により、モリハル織物工場の手形が、不渡りになってしまったのである。私が奉公して以来、最大の危機だった。戦前に比べ、着物を着る人が減ってきて、足利銘仙にも陰りが出てきたことが背景にあった。

「工場長」兼「営業部長」の私は、主人に代わって手形の買い戻しの交渉をしたり、カネの無心に走ったり、借金取りの真似事をしたりした。学校に通っていたら絶対に経験できない、ビジネスの修羅場である。

しかし、主人の森さんや私どもの奔走もむなしく、モリハル織物工場は閉鎖する運びとなった。

親戚の家に預けられに行く――そう思って足利に降り立ってから約七年間。このモリハル織物工場で、私はたくさんのことを学んだ。学校では決して学べない、生きた学問を身につけることができた。十代後半にして銀行との取引や手形の割引、交渉や金策も体験し、田畑の手入れや機械の修理、子供のお守りまで経験した。

私がここまで多く場数を踏めたのも、主人の森春吉さんが信頼してくれたからである。交渉の場に丁稚奉公を差し向ける主人というのは、世の中にそうはいないと思う。私は長男が生まれたとき、この恩師の名をとって「春吉」と名付けた。亡くなられた後は、何度もお墓参りに行った。

私の最初の恩師であり恩人が、森春吉さんである。

ともあれ、のちに私は丁稚奉公時代に身につけたことを生かし、伸ばし、応用し、経営者として成功することができた。

私は大学を出ていない。が、このモリハル織物工場こそ、まさに私の「社会大学」だったのである。

## 十八歳で独立したものの

モリハル織物工場の閉鎖で職を失った私は、丁稚奉公から一足飛びで経営者となった。まさか、と思われるだろうが本当だ。つまり話はこうである。

モリハル工場の取引先に、源田利男さんという方がいた。源田さんは、「シャットル」という織物機械の部品をつくっている会社の社長だ。市議会議員も務め、足利有数の資産家でもある。

この源田さんとご両親とが、私のことを大変可愛がってくれた。ご両親に至っては、よく
「この子は大物になる」

と褒めてくれ、

「長女（源田利男さんの妹）の婿にしたい」

とまで言ってくれていた。

その源田さん一家が、私を見込んで資金を出してくれることになり、織物工場を始めることになったのである。

〈ここまでしてくれるとは……〉

親族でも旧知の仲でも無い、ただ取引先で知り合っただけの私に、工場設立資金を出してくれる――。

私は源田さん一家のご厚意に、驚くと共に心底から感謝した。いや、今も感謝し続けている。足利時代を思い出すときまず浮かぶのが、モリハル工場の森春吉さんと、この源田さんの一家である。

私は東京に出てからも、源田さん一家との交流を続けた。品川に自宅を建てた際はご招待させてもらったし、足利で大火事があったときにはお子さんたちにお見舞いをした。

むろん、私が源田さん一家から受けた援助・恩情に比べれば、私のしたことなど微々たるものでしかないけれど、恩返しの気持ちはずっと持ち続けている。誰かが洞察していたように、義理と人情と恩返しというのは、人間社会の基礎だと思うからである。

〈不安だらけだが、モリハルの七年間で織物のことならわかった。経営の細かいことだって一通り経験した〉

十八歳の私は、熱意と感謝と不安と期待とを胸に、織機四台の小さな工場をスタートさせた。

だがしかし――。

たとえちっぽけな織物屋であろうと、「経営」とは簡単なものではなかった。

モリハル工場も閉鎖したように、そのころ足利の織物産業は、衰退期に入っていた。始めたばかりの工場も、取引先の問屋が倒産し、受け取っていた手形が不渡りになってしまった。つまり、モリハルと同じコースを辿った挙句、短期間で閉鎖せざるを得なくなったのである。

「せっかく援助してくださったのに、こんなことになって……申し訳ありませんでした」

私は源田さんに織機四台を返却し、倒産したことをお詫びした。むろん、源田さんの妹さんと結婚するという話も白紙になった。だが、その後も源田さんのご両親は、

「娘と結婚すれば良かったのに」

と言ってくださり、付き合いは続いた。森春吉さんと並んでこの源田さんの御一家も、私の恩師であり恩人なのである。


織物工場を畳んだ私は、今後の身の振り方を考えた。

〈工場が軌道に乗れば、足利に落ち着きたいと思っていたが……〉

しかし、軌道には乗らなかった。閉めざるを得なくなった。

〈勝手のわかった織物業でダメだったってことは、しばらくは、別の世界に目を向けた方がいいってことか〉

だが別の世界といっても、足利でできる仕事は多くはない。限られているわけではないけれど、他の地域に眼を向ければ、もっとたくさんの仕事がある。

〈新しい仕事を見つけるとなると、やっぱり東京か。もともと東京生まれなんだし、友達もいるから、飢え死にすることはないだろう〉

ということで、私は上京を決意した。

いや、本当は「帰京」だ。私はそもそも東京の深川で生まれ育った、純然たる江戸っ子なのだから。

私は東京に戻ったら、バイクや車の仕事に就きたいと考えた。

当時、若者の憧れといえば、オートバイである。バイクを買った連中は、得意げに街中を走り回っていたものだ。

私も丁稚奉公の時代から、バイクが欲しくてしょうがなかった。遊び目的が第一ではあったが、仕事目的で使いたいとも思っていた。単車はパワーもスピードも、自転車とは段違いだからである。

モリハル工場では自転車を使っていたのだが、冬になると風に圧されて使い勝手が悪くなる。というのも、足利地方は、冬を迎えると「赤城おろし」なる強風が吹き荒れる。この北風にぶつかると、自転車を力一杯こいでも、なかなか前に進まなくなってしまうのである。

その点オートバイであれば、風にも負けず突っ走れる。それゆえ私は何度も主人の森さんに、

「オートバイがあればもっと仕事がはかどりますから、一台買って頂けませんか」

とお願いした。が、その都度主人は
「いや、そんなものは必要ないよ」

と一蹴し、ついに購入しなかった。

買ってもらえないと余計欲しくなるのが人情で、

〈今度はバイク関係の仕事を探してみよう〉

という気になったわけである。

また、バイクに加え、車の仕事というのも選択肢にあった。初めて足利に来た昭和二十一年の頃と比べ、車の往来が目に見えて増えていたからだ。私自身、ちょうど免許を取ったところである。

〈いずれ、自動車の時代が来るだろう〉

おぼろげながらそう予感し、もとより車好きでもあったので、

〈タクシーの運転手なんかは高給取りらしいし、面白いかもしれない〉

と、考えていたのである。

昭和二十八（一九五三）年のある日、十九歳の私は東武伊勢崎線の足利市駅にいた。そして浅草行きの特急に乗った。

〈東京に着いたら、タクシーの運転手になろうか、バイクや車のセールスマンがいいか……〉

そんなことを考えながら、足かけ八年過ごした足利の町へ別れを告げた。フトコロには所持金千二百円。

少ないといえば少ないが、すぐに就職すればよい話だ。

車窓から、麦畑が見えた。まだ若芽で緑色である。

〈よく赤ん坊を背負って、麦踏みをしたなぁ……〉

つい数年前のことなのに、もっと昔に感じた。その後、工場が閉鎖したり、自分で経営することになったり、あまりにも印象深いことが多すぎたせいだろうか。

ふと、モリハル織物工場の主人・森春吉さんの言葉を思い出した。

「喜太郎、お前はいつか東京へ行くんだろう。東京でどんなに成功しても、頭を下げないとダメだぞ。『実るほど　頭をたれる　稲穂かな』だぞ」

森さんの言った通り、自分は今、一旗あげるため、故郷の東京へ向かっている。

東京で成功できるだろうか。

いや、成功するためには、頭をたれなければならないと思った。絶えず頭を下げ、一生懸命取り組み、感謝の気持ちを忘れない。そうしていれば、どこへ行っても通用するような気がしてきた。

〈実るほど　頭をたれる　稲穂かな……いい言葉だ〉

私は電車内で、この主人の言葉を噛みしめていた。

足利市駅を出発して、上野駅に着いた私は、すぐに地元・深川へと向かった。

〈…………〉

私が生まれ、十歳まで過ごした深川森下町。しかしその風景は、だいぶ様変わりしてしまっていた。先に説明した通り、実家のあった場所には何か知らない家が建っている。

〈あそこにうちがあって、あっちには材木屋、こっちが質屋で向こうが豆腐屋……〉

私は昭和二十年三月九日までの景色を思い出し、懐かしんだ。

〈なんでこんなことに〉

と、悔しくもあった。本当なら、今もこの深川で、家族みんなと一緒に暮らしているはずなのだ。

戦争、なかんずく東京大空襲という悪夢が、全てをぶち壊してしまった。

〈あんなことが無ければ、今、お父さんは五十五歳で、お母さんは四十八歳か？　妹たちも小学生、中学生……〉

十九歳になる自分は、あのまま深川で平和に過ごしていたらどうなっていたのだろう。幼少の頃、なりたい職業といったものは特に無かったが、何かやりたいことを見つけ、その職に就いていただろうか。確実にいえることは、丁稚奉公にはなっていないということである。

〈それが、栃木県で七年間も奉公し、続いて工場を経営することになるとは〉

あまりにも数奇な運命に、ため息をつく思いである。

## 東京深川、人情の街

私、渡辺喜太郎は、昭和九年（一九三四）の二月二十日、現在の江東区にあたる東京の深川森下町で生まれた。

昭和九年といえば、渋谷駅に忠犬ハチ公の銅像が建てられた年だ。読売ジャイアンツの前身である、大日本東京野球倶楽部が結成された年でもある。私はハチ公像や巨人軍と同い年なのである。

今から振り返ってみれば、昭和九年というのは、徐々に軍靴の音が聞こえ始めた時期だった。

三年前に満州事変が起き、前年には日本が国際連盟を脱退していた。物騒な出来事が次々と起きていたのである。

その後、私が三歳のときに支那事変が始まり、やがて食べ物の配給が始まる。巷間、軍歌がよく流れるようになり、空襲警報のサイレンも鳴るようになった。防空壕も掘った。

本格的な戦争が起きていたわけではない。既述のようにプロ野球も始まったし、女性のパーマが広まったのもこのころである。庶民の生活には、まだどこかゆとりがあった。だが戦争の魔の手はじわじわと、かつ確実に、近づいてきている——。

そういう時代に私は生まれ、育っていったのである。


私は八人きょうだいの次男であった。父親は吉之助、母親はハツという。長男と上の姉二人は早逝してしまい、残った五人きょうだいの中で、私はたった一人の男の子だった。

父は東京の浅草生まれで、母は月島の生まれである。私は残念なことに、母との思い出というのがあまり無い。父の仕事を手伝っている忙しそうな姿や、食卓での会話などは記憶にある。しかしながら、取り立てて記すような思い出は無いのである。その代わり、父との思い出はたくさんあった。

父は洋服の仕立て屋で、従業員を数名雇って「渡辺洋服店」を営んでいた。手先が人並みすぐれて器用で、服の裁断も型紙なしでこなしていた。仕上がりも早く、かつ上手かった。私が七五三のときなどは、海軍の軍服さながらの、格好いい服を仕立て上げてくれた。帽子までそろった一式だ。後から聞いた話では、

「あんなのを自作できるなんて、さすが、渡辺さんは仕立て屋だけあるな」

と、近所でも評判になったらしい。

幼き私は商品である絹に落書きしてしまい、

「こら！　絹は色が落ちないんだからさ……こんなことしちゃダメだ」

と怒られたこともあるのだが、父が仕立てたオーダーメイドの背広を着てみたかった気もする。

「まかぬ種は生えぬ」

というのが口癖だった父は、商才にもだいぶ長けていた。

例えば戦争が始まると、

〈食べ物だけでなく、洋服も不足してくるだろう〉

と予測。生地を大量に仕入れて洋服をあつらえ、それを茨城県あたりの農家へ運び、食べ物と物々交換した。そのおかげでわが家は戦争中も、食べ物に困ることは――以前より食糧

事情が悪化していったのは確かだが――あまり無かったのである。

時流を読んで種をまき、しっかり生やして利益を得る……まるで、ベンチャー企業のお手本のような流れだ。地方へ「出稼ぎ」に行くなど行動力もあるし、「流通網」も押さえている。私は早くから商売に目覚めたが、この父の商才に、いつのまにか影響された面があるのかもしれない。

ところで東京の深川といえば、粋と人情の街として知られる。松尾芭蕉や葛飾北斎ら、江戸の芸術家で賑わった、江戸文化のメッカでもある。中でも私の生まれた森下町界隈は、まさに深川の中心地だった。父はそんな深川という街を体現したような、典型的な下町男であった。

社交的できっぷがよく、人情にも厚く面倒見もいい。晩酌で一本やって上機嫌になると、三味線を弾いて都都逸《どどいつ》を吟じる。浅草生まれだけあって、お祭りになると血が騒ぐ……とまあ、時代劇に出てくる江戸っ子のような存在である。

父はまた、地元活動にも熱心だった。長らく町の世話役を務め、町会長を仰せつかったこともある。

そのために、

「戦前に町会長になる人って、代々続く名門の出みたいな人とか、地主みたいな人がほとんどでしょう？　そういう時代に町会長を務めていたということは、渡辺会長の家は、元々は裕福だったんですね」

と言われることもあるのだが、なにもお金持ちだったわけではない。

なるほど父は働き者で商売上手であった。だから火の車とか、爪に火をともすとか、そういう苦しい生活ではなかった。

しかし、父は祖母（父の母）の実家や母の実家の面倒を見ていたし、交際範囲も行動範囲も広かった。

「江戸っ子は宵越しの銭は持たぬ」

という言葉があるけれど、父も結構、気前がよかった。つまり、悪くない収入があったとしても、出ていくものも多かったのである。私の実感としては、世間並みというか、中ぐらいの暮らし向きだったと思う。

町会長をやったせいなのか、父はあちこちに友達がいた。深川近辺のみならず、かなり離れた地域にも、友人、知人がいた。こういう幅広い人間関係も、商売に役立っていたのだろう。

戦後、私は丁稚奉公を経て、十九のときに東京へ戻ったが、そのころ色んな場所で、生前の父を知っている方に出会った。

その都度私は
〈ここにも父の知り合いの人が……〉

と、その顔の広さを再認識したものだ。

父の旧知の方々は、

「喜太郎さん、大きくなったなあ」

「親父さんに似てきたなあ」

と、息子の私を可愛がってくれた。ごちそうもしてくれた。みなさん、もうとっくに鬼籍に入っているのだろう。

今となっては懐かしい、嬉しい思い出である。


当時、私が生まれ育った深川の朝は、船の汽笛と共に始まるのが常だった。

隅田川を通航する船が、ボーー……と、長く尾を引く汽笛を鳴らす。

少し遅れて、ガタン、ゴトン、ガタン、ゴトン……、という一番列車の走行音が響いてくる。

続いて、プ〜、という豆腐屋のラッパ。

「ナットー、ナットー」

という納豆売りの声や、

「アサリ〜、シジミ〜」

というアサリ売りの声が聞こえてくる。

私たち悪童は、このセリフを声色まで真似て、

「アサリ〜シンジメェ〜（死んじめえ）」

なんてからかっていたものだった。それはともかくこうした引き売りの声が聞こえる頃、街全体が目覚めるのである。

で、そうやって一日が始まって、学校へ行くのだが、私は勉強熱心な方ではなかった。むしろ、登下校時のトンボ取りの方に熱心だった。

学校への行き帰りに、神明《みょうじん》様こと深川神明宮や、八名川公園を通る。そこにトンボがフラフラ飛んでおり、子供たちはみな追いかけていた。好きこそものの上手になれではないけれど、仲間内では私が一番トンボ取りに長けていたと記憶している。

そんな調子ゆえ、学校の成績は優秀ではなかった。悪くはないが、良くもない。算数だけは得意であったが、他の科目はクラスの真ん中あたりをウロウロしていた。

勉強の方は人並みだった私だが、「放課後」の成績はかなり優秀だった。処世の面でも遊びの面でも人並み以上の成績だったと自負している。

私は社会に出てから〝爺殺し〟〝年上キラー〟といわれたが、三つ子の魂百までで、子供の頃から年長者には気に入られた。私自身、目上の人と話すのが好きだった。私の生まれついての性格なのだろう。

近くの材木屋のお爺ちゃん、お婆ちゃんは孫のように可愛がってくれたし、質屋や豆腐屋のおじさん、おばさんたちもよくしてくれた。材木屋の老夫婦にはしょっちゅう呼び出され、遊びに行った記憶がある。

子供同士の間でも、年上の受けはすこぶる良かった。

近所の子供たちを引き連れ「子供組」を結成していたガキ大将がいたのだが、この年長の腕白坊主も私を重宝した。私の人懐っこい性格と、小柄ですばしっこいところが気に入ったらしい。

学校が終わって家に帰るとランドセルを放り投げ、彼らと長屋の路地や水路の岸に集まった。当時はスマホもテレビゲームも無い。夕方になると流れる「夕焼けチャイム」も無い。だから毎日、暗くなるまで外で遊んでいたものだ。

私は遊びの腕前も良かった。

トンボ取りの名手であったことは記したが、魚釣りも名人だった。釣竿を握った私には、友達の誰もかなわない。なにしろ鍛え方が違うのだ。

実は、父が大の釣り好きで、わが家の二階には、釣り道具がたくさん飾ってあった。父がよく釣りに連れて行ってくれたから、私の腕もメキメキ上達したのである。

よく出かけた釣りスポットは、やはり近場の隅田川だ。当時、隅田川は今よりずっと綺麗だった。

私たち親子は清洲橋や新大橋の袂に陣取り、投げ釣りをした。むろん父にはかなわないものの、私の技量も子供のわりには優れていた。

釣り船で東京湾に繰り出すという、本格的な「釣りツアー」に出ることも多かった。船の中にはコタツがあり、寒い日はそこで暖を取りながら釣りをする。船釣りの場合、私は横で見ているだけだったけれど、「海」の素晴らしさには目を見張った。

私は今も海好きで、趣味といえばゴルフに加え、クルージングとトローリングである。九十歳近い現在も、船に乗って海へ出る。そんな私の〝海遍歴〟の出発点が、父と繰り出したこの「東京湾釣り船ツアー」である。

父の釣り道楽はそれで終わらなかった。

色んな種類の魚を釣っては、それを調理するのである。ウナギの蒲焼きだの、ハゼの天ぷらだの、「高級品」とおぼしき料理も食卓に並んだ。

〈おいしい！〉

どれも絶品だった。

私は後年、いわゆる高級料理店で食事をしたことが何度もある。だが、父の振舞ってくれた魚たちより美味だったものは、あまり無かった気がする。というか、ほとんど無かったと思う。

食材の新鮮さなどの要素もあるかもしれない。だが、やはり食事というものは、家族や友人たちと食べるのが、一番おいしいということなのだろう。

仕事の行方と相手の態度を気にしていては、どんなにおいしい料理であっても、食べた気などしない。そこへいくと父が釣り、父がさばき、家族みんなでほおばった鮮魚の味は、今も私の脳と舌とに刻まれている。

## オートバイや三輪車の新車販売

幸い、上京してすぐに寝床の方は決まった。小学生時代の友達である乾物屋の息子が、「屋根裏で悪いけど、うちに泊まれよ」

と言ってくれたので、お邪魔することにしたのである。私はここを拠点にして、就職活動を開始した。

東京に来る前、タクシーのドライバーかオートバイ・車のセールスマンを志望していたが、前者は断念せざるを得なかった。

タクシーの運転手になるには二種免許が必要だったが、私は二十歳未満ゆえ、取得基準を満たしていなかったのである。そのためオートバイや車のセールスマンにしぼり、新聞の求人広告欄を探した。

〈ここは良さそうだ〉

と思える会社がすぐに見つかった。そこで面接に行ったら、

「あ、そう。君、十九歳か……ちょっと、営業をやるには若すぎるかな。もうちょっと年齢がいってないとね。やっぱりモノを売るには年齢の重みみたいなものがないとね……」

と、断られた。

気を取り直し、別の会社へ面接に出向いたら、そこでも
「いや、悪いけど、十九や二十歳そこそこでは、営業なんかできるわけないよ。人にお金を出させるというのは、若造にはできることじゃないよ」

と、体よくあしらわれてしまった。

さらに、三社目も、「若すぎる」との理由で不採用となった。

三社連続、「年齢」のせいで断られたので、私も考えた。

〈ここはいっちょう、年をごまかすか。誰かに迷惑をかけるわけじゃないし……〉

そこで、昭和九年生まれの十九歳ではなく、「昭和四年生まれの二十四歳」と五歳もサバを読んで面接に臨んだ。

そうしたら、すぐに採用された。ただ単に、年を偽っただけで受かるとは、人の評価、見る目というのもいい加減なものである。

あまり大きな声では言えないが、時にこうしたハッタリが有効なことも、人間社会の一側面ではある。TPOをわきまえたうえで、一生のうちに一回か二回は、こういうハッタリを使うのも良いかもしれない。ただし、何度も使ってしまうと、最も重要なことである「信頼」を損ねてしまう。ハッタリは所詮ハッタリだから、大事な場面で使うことも避けた方がいいだろう。

さて、新しい職場は「日東内燃機株式会社」という会社で、オートバイや三輪車の新車を販売していた。今の深川警察署の近くにあり、給料は約七千円。当時としては、悪くない額だった。それに、上京したとき財布に入っていたのは千二百円だけだったから、目先の生活のメドもついてホッとした。住居の方も、友人宅の乾物屋をおさらばし、この会社の屋根裏へと引っ越すことを決めた。

ただし、希望するセールスマンにはなれなかった。ネックはまたも「年齢」だった。五歳もごまかしたというのに、

「セールスにはまだ若い。一年間、部品係をやれ。営業はそれからでいい」

と言われたのである。残念ではあったが、こういうときに腐らないのが丁稚奉公で鍛えた私である。

〈そのうち機会は来るだろう〉

と、前向きに考えた。未成年とはいえ職歴はすでに十年近い。社会の仕組み、職場の仕組みはそれなりに理解していたつもりだ。常に希望通りにいくはずもないし、いかなかったからといってヤケになる必要もない。目の前の仕事をきっちりやって、チャンスを待てばよいのである。

会社の常務も、

「営業の前に部品係を一年もやれば、お客を結構知ることになるから、お前のプラスになるよ」

と言ってくれた。これは本当だった。

日東内燃機には車やバイクの修理担当者が三十人ぐらいいた。彼らのために、部品の在庫

チェックをするのが部品係だ。慣れてくるうちに、この仕事も面白くなってきた。

今と違って、昔はお客さんがよく店に来て、「あそこが悪い」「ちょっと調子悪いから、直してくれ」と言ってきた。それを修理工が直すのである。

修理に来たお客様の中には、帰りがけに部品係の部屋に寄り、

「修理工にも頼んでおいたけど、外れた部品を買ってきておいてくれよ」

と言って名刺を出す方がいた。

私は名刺を集め、顔と名前を覚え、その方々が二度目に来た時には必ず挨拶するよう心掛けた。そうやることで、お客さんの方も、私の顔と名前を憶えてくれた。「人脈」というと大げさだが、仕事がらみの知人は着実に増えていった。

また、部品屋さんとも親しくなった。修理工の人から
「渡辺君、コイルと発電機が焼けたから、ホンダの部品を買ってきてくれ」

などと頼まれて、目黒の部品屋などに買いに行く。しょっちゅう店に行くうちに、お互い馴染みになってきたのである。

入社から半年くらい経ったとき、念願の営業に配属となった。すると、部品係にいたことが、早速役に立ったのだ。

私は部品係時代に、ベンツを買ったというお客様と知り合っていた。会社近くの川を越え

た所にある、材木屋の社長だ。その頃まだ珍しかったベンツを買うとは、相当なお金持ちであろう。

顧客に飢えていた私は、

〈会社の方も、だいぶ羽振りがいいに違いない。従業員の給料も悪くないだろうし、取引業者もたくさん出入りしているはずだ〉

とあたりをつけ、その材木屋に食い込むことを考えた。

が、食い込むといっても、どうしたらよいのか。一般的な方法は、とっくに他の営業マンがやっているはずだ。自分流のもので、かつ、効果のある方法でなければならない。いい方法はないか。

〈……〉

私は原点に帰った。丁稚奉公時代だ。あの頃一通りの仕事をやった。その中で、何か応用できそうな仕事は無かったか。

〈……田畑は東京にはないし、修理は専門の人がいるし、お守りもこの際は関係ない。東京でも新潟でも必要なことといえば何だろう……〉

ここで私の頭に、細長い物体が浮かんできた。ホウキである。

## 喜ばれて近づくきっかけを得るには

掃除に東京も新潟も無い。どこの世界でも必要とされることだ。材木屋の辺りをホウキで掃いたらどうか。喜ばれて、近づくきっかけになるのではないか。それに掃除なら散々やってきて、得意とするところである。

〈……よし！〉

私は食い込む手段として、材木屋の周りを掃除することにした。渡辺喜太郎の必殺技・掃除作戦の誕生である。

意を決した私は朝五時に起き、ホウキを持って材木屋の前に「出勤」した。で、従業員らが出勤してくる前に、材木屋の周辺を掃いて回った。

早めに出勤してきた従業員に、

「お、偉いな、掃除してくれてんのか」

と驚かれたり、

「どういう風の吹き回しなんだい？」

なんて聞かれたりした。私は

「いや、いつもお世話になってますから」

と答えるだけで、ひたすらホウキを動かした。そして何も言わずに去った。

これを何度か繰り返すうち、従業員がこんなことを耳打ちしてくれた。

「いや、いつもご苦労さん。『あの部品係の兄ちゃんはマメだ』ってみんな言ってるよ。『オートバイ買うならあの部品係だ』って。たいしたもんだよ、あんたは」

そして実際、そこの従業員の方々をお客様にできた。部品係時代に得た情報を、独自の作戦で生かしたのである。常務が言っていた通り、部品係にいたことがプラスになったわけだ。

なおかつ、早起きして掃除に行くというのも、丁稚奉公時代に体得した「技術」だ。私は自ら希望して、丁稚奉公になったわけではない。望んで部品係になったわけでもない。すなわち掃除作戦なるものは、本意でない仕事をしていたときに得たものを、応用して編み出したものなのだ。

たとえ意に添わない仕事だと感じても、それを一生懸命やることで、やがて光が見えてくる。どんな仕事であろうとも、必ず、とはいわないが、多くの場合は何かを得られるものなのだ。私の掃除作戦が、その何よりの証拠であろう。

部品係とは関係ないが、スクーターを一度に五十台近く売ったこともあった。

営業マンになって少し経った頃、私は休みを利用して、山中湖へと遊びに行った。そこで

たまたま貸しスクーター組合のボスと知り合った。これ幸いと思った私は営業をかけ、

「一度に大量に購入していただけるのなら、メーカーと交渉してお安くしますよ」

と、話をつけたのである。そんな「まとめ売り」をした者はいなかったから、会社の人たちは、

「部品係だったヤツが何で？」

と、営業に回ったばかりの若造の手腕に驚いていた。この種の「交渉力」は、むろん、丁稚奉公時代に培ったものである。スクーターと織物は、全く違う製品だ。が、売るモノは違っても、交渉する際の姿勢、心の持ちよう、口調、態度といったものは、違わないのである。

けれども、そんな日東内燃機での生活は、長くは続かなかった。

営業マンに転じて三、四か月が過ぎた頃、日東内燃機が経営難に陥ったのである。手形が不渡りになり、人員整理が行われた。リストラされたメンバーの中に、私も入っていた。営業マンとして乗ってきた矢先だったので、出端《ではな》をくじかれたように感じた記憶がある。日東内燃機株式会社でのサラリーマン生活は、およそ一年ぐらいであった。

リストラされてしまった私は、早速次の仕事を探した。ちょうど、近くにある「江東トーハツ株式会社」がセールスマンを募集していたので、面接に行った。前は「年齢」で苦労し

たが、今度はすんなり採用された。日東内燃機では、はじめ部品係であったが、今度は最初からセールスマンである。

江東トーハツは、オートバイメーカー「トーハツ」の販売店だ。この会社の営業は、今で言う「コミッションセールス」だった。つまり、給料制ではなく、売れば売るほど手取りが増える、成功報酬型の歩合制である。確か固定給が五千円で、一台売るごとにさらに五千円ずつ入る仕組みだったと記憶する。

〈頑張れば頑張るほど報われるというのがいい〉

私は俄然、やる気を出した。一台も売れないと惨めだが、何台も売れば、それだけ高額報酬になる。秘技の「掃除作戦」をはじめ、丁稚奉公仕込みの営業術を、存分に発揮できると思った。

〈他のセールスマンたちは、みんな一日五、六十件も飛び込みをやってるらしいけど、そんなありきたりのやり方じゃダメだ〉

よそ様の真似ではなく、自分で考えた方法で勝負する。それが私の流儀である。

私はまた朝五時に起き、ホウキを持ち、バイクを買ってくれそうな家を物色しに行った。

〈ここは厳しそうだ。もうちょっと大きい、庭のあるような家……〉

オートバイを買うような家は、豪邸と考えるのが自然だ。収入が多そうで、置き場所も確保されている。そんな邸宅を探した。

よさそうな「物件」を見つけると、私はその家の前の道を丁寧に掃除した。広い家の周囲を掃くのは時間がかかるが、丁稚奉公時代に毎日やっていたことなので何ともない。

最初はただ掃除するだけだ。誰も見ていなくても、きちんと清掃して帰る。家の人に声をかけられたとしても、

「いや、ここ、通り道ですから」

と答えていた。急《せ》いては事を仕損ずる。焦らず、じっくり取り組むのだ。いきなりセールスやら自己アピールやら始めたら、相手は気味悪がって辟易《へきえき》するだけである。

たいてい何回目かに、お手伝いさんと遭遇する。その頃、裕福な家にはお手伝いさんが何人かいて、朝の掃除や水撒きは、彼女たちの日課だった。

そのお手伝いさんたちが、

「いつも掃除をしてくれる、あの人は誰？」

と私に興味を持ってくる。中には、

「毎朝、大変ですね」

と、声をかけてくる人もいる。そこで初めて、私の方からも色々話すようにするのだ。

これまた丁稚奉公時代の財産なのだが、私は女性と話すのが得意である。なにしろモリハ

ル織物工場では、日々、多くの女性工員に囲まれていたのだ。女中であろうと工員であろうと同じ女性だ。私はお手伝いさんともたちまち仲良くなった。

するとと、

「オートバイ屋さんが、毎朝掃除してくれます」

と、奥様に報告する人が出て、

「お茶でも飲んでいかない？」

と、家に上げてくれるようにもなった。そうなると、一家の方々とも面識を得る。ここでやっとセールスの話を……とはならない。まだ早い。家の方々と親しくなるのが先だ。

奥さんは何をしたら喜ぶのか？　その家が一番苦手にしていることは何か？　奥さんに気に入られるために、様々なことを考えた。お手伝いさんから情報収集もした。雑用は、手当たり次第といっていいほど引き受けた。

小さな子供がいる場合は、幼稚園や学校の送り迎えもした。これも、丁稚奉公時代に身につけた技術だ。そう、子守りの応用である。しかもこの応用は二段構えで、主人のヤキモチや誤解を防ぐ意味合いもあった。自分の留守中、若いセールスマンが夫人と親しくなったり家に上がり込んだりすれば、それを面白く思わない夫もいるだろう。夫婦間のトラブルを避けるため、家の外でも役立てる、子供の送迎を選んだのである。

暮れになると、ホウキに加えてハシゴを持って、お手伝いさんたちの手の届かない場所を整備したり、掃除したりした。丁稚奉公時代、機械の修理を得手としていた私には、この程度のことは朝飯前だ。しかし奥さんやお手伝いさんは、

「いやぁ……器用なんだね、この人は」

と驚いていた。

自分で言うのもなんだが、私はこういうもろもろの雑用を、ごく自然にこなすことができた。媚びたり、恩着せがましかったり、ということは無かった。戦災孤児となってから、絶えず周囲に気遣いしてきたためである。

そのうちに、奥様やお手伝いさんと、一緒にご飯を食べるぐらいの仲になる。そうなると、家の主人とも顔見知りになり、言葉を交わすようになってくる。

## 営業で大切なことは距離を縮めること

ここでようやく、バイクのセールスの話をする。すでに、「私」という人間を知っているから、かなりの確率で購入してくれた。仮に購入しなくとも、

「あの渡辺っていうセールスマンはいいヤツだし、何かと使える便利な男だから、オートバ

イを買うことがあったら、彼から買ってやりなよ。色々お得だと思うよ」

と知人に紹介してくれて、その知人の方が買ってくれる。その知人の方がまた知人を……となって、私はどんどん販売成績を伸ばしていった。

「将を射んと欲すればまず馬を射よ」という言葉があるけれど、私はまず奥様を「射た」(「射る」という表現には非常に違和感を覚えるが、文脈上やむを得ないのでそのまま使う)。次に将たる主人を射て、「バイクのセールス」という目標を達成することができたのである。

物事を上手く進めるためには、焦ったり、急いだりしてはならないのだ。物には順序があるのだから、きちんと手順を踏み、丁寧にコトを進めていくことが大切なのである。

この場合、まず私は相手のフトコロに入ることを心掛けた。そのための手段が掃除であり、子供の送迎だ。で、上手いことフトコロに入ってから、やっと商売の話を切り出す。もう私は相手の心に入っているから、「買う」というより「仲間の言うことを聞く」感覚で、バイクを購入してくれるのである。営業において最も大切なこととは、押しでも話術でも無く、お客様との距離を縮めることなのだ。

他のセールスマンが月にせいぜい二台というとき、私は毎月十五台も売った。歩合は一台につき五千円だから、月に七万五千円である。当時の大卒初任給が、確か七千円程度だったと思うが、二十歳ぐらいの私はその十倍以上を稼いでいたのである。

ちなみに最初にバイクを買ってくれたお客様は、腕時計から家具まで扱う古道具屋さんだった。私をヒイキにしてくださり、バイクに加え三輪車も購入してくれた。さらに、その後独立した際も、顧客になってくださった。そこの奥様は歌舞伎好きであったので、私はよく銀座の歌舞伎座まで送り迎えしたものだ。七十年も前の話だが、今でも奥様やご主人との会話をありありと思い出す。

「奥様」といえば、私は御婦人方相手に副業もした。

昭和三十年（一九五五）当時、「三種の神器」といわれたのが電気洗濯機、電気冷蔵庫、そしてテレビである。特に洗濯機と冷蔵庫は、どの家庭の奥方たちも欲しがっていた。

そこで私は、

〈何も、オートバイ限定でなくてもいい。副業禁止なわけじゃないし、家電製品を売ったっていいんだ。バイクより需要が多いはずだ〉

と思い立ち、家電セールスをも始めたのである。

その頃の主婦層は、遠くまで出かけて家電製品を買う、といった習慣は無かった。近くの電気屋で買うのだが、近所にお店が無い家だってある。私はそこに着目した。

顧客の家に行ったとき、奥様が手洗いで洗濯していると、私はこう持ち掛ける。

「奥さん、この辺には電気屋がありませんけど、私は電気洗濯機を安く買えるところ知ってますから、持ってきましょうか？　支払いは毎月、少しずつ入れてくれればいいですよ」

決して「買ってくれ」とは言わない。「買ってください」と「持ってきましょうか」とでは、受けての心理的負担が全く違う。人は一定以上の金額を出す場合、大なり小なり必ず「不安」が生じるものだから、その不安を少しでも和らげるのが営業のコツの一つである。

よく「営業は押しの一手」などという意見を聞くけれど、そんな単純なものではない。「押し」は手段の一つだが、あくまで一つであって全部ではない。しかも、「押し」とは往々にして後味の悪さを残すから、「押す」場合には注意してやらないといけない。

で、そうやって「持ってきましょうか」と提案すると、ほとんどの方が「頼むわ」と言ってくれた。

私は即座に両国や秋葉原のバッタ屋へ出向き、必要な家電を現金決済で買い叩いた。彼らとは営業を通じ顔なじみだったし、交渉事は丁稚奉公時代から経験している。だいたい市販の半値程度で買った。

その家電を依頼主の奥様のところへ持っていき、今度は定価の七割程度で売る。三割引きで買えるということで、奥様たちはみな喜んでくれた。半値で買って七掛けで売ったから、二割分が私の儲けである。

奥様に現金が無いときは、文房具屋で用紙を買い、「分割払いの手形」をつくった。それに印鑑を押してもらい、銀行に持ち込んで、額面の半分くらいの金を借りる。その金で商品を買うのである。またまた丁稚奉公の話だが、私はモリハル工場で手形も扱っていたので、こんなやり方もできたのである。

なおかつ私は奥様名義で銀行口座をつくり、その通帳を預かって、月割分を集金し、通帳に入金するということもやった。つまり月賦だ。その当時、分割払いで家電を売る店はほとんど無かったと思うが、私はいち早く月賦で商売していたのである。

しかも私は売るばかりでなく、アフターサービスもしっかりやった。使い方を説明し、故障したり調子が悪かったりしたときは、きちんと直した。丁稚奉公時代に織機を直した私からすれば、家電の修理なんぞはお茶の子さいさいだった。

アフターサービスとは少し違うかもしれないが、お客様に免許を取らせたこともある。免許を持っていない人にバイクを売り、そのお客様を運転試験場に連れて行くのである。私は愛車のダットサントラックで、何度もお客様を送迎したものだ。

このぐらいお客様に食い込んでくると、そのお客様自体が「セールスマン」になってくる。知人を紹介してくれたり、

「あのバイク屋は家電も安く売ってくれる」

と宣伝してくれたり、

「あの店に行ってみな。もしかしたら買ってくれるかもよ」

「あそこの家の主人も、オートバイがあったら商売が楽になるのに、と言ってたよ」

などなど情報提供してくれたりした。

「昨日は教えられた店に行ってきましたよ」

「そうか、今度はこの店に行ってみな。声をかけておくから」

といった会話も、それこそ数えきれないほどした。知り合いの口コミほど強いものは無いのである。


こういう超のつくお得意様が五人もいれば、優秀なセールスマンを五人雇っているのと同じことになる。そうなれば、自然に顧客の輪は広がっていく。

よく異業種や、同業他社の力を借りるセールスマンがいるけれど、時に「顧客」もセールスの味方となり得ることも、頭に入れておくとよいだろう。しかもこの種の「セールスマン」は、面倒なバーターや取引などと無縁だ。好意のみで助けてくれる、貴重で頼もしい味方なのである。

繰り返しになるけれど、他のセールスマンが月に二台程度の売り上げだったのに対し、私は十五台も売っていた。私の営業方法がいかに正しかったかは、その数字が端的に示しているだろう。トップセールスマンの私が出勤すると、

「お、重役が来た」

と、よく冗談を言われたものである。

私をリストラした日東内燃機にも、その評判はとどろいていたようで、

「戻って来いよ」

と声をかけられたこともあった。社内では、「あいつを切らなければよかった」と嘆く声もあったらしい。

ただ私は、自分の営業力に自信を持ってはいたものの、調子に乗らないよう自戒していた。なるほど商売というものは、売ったもん勝ちではあるだろう。とはいえ、私はまだ弱冠二十歳過ぎの若造にすぎない。「重役」扱いされたといっても、会社の人たちはみな先輩であり、年長者である。礼儀、挨拶、長幼の序……そういう社会人としての基本には、人一倍気をつけた。人間は感情の動物だから、気分を害してしまうと厄介だ。足を引っ張られることも無いとはいえない。

私はことあるごとに、モリハル工場の主人の言葉を反芻したものである。

〈実るほど　頭をたれる　稲穂かな……〉

# 第三章

## 希望の地　東京麻布十番

## やっとの思いで一緒になった妻佳子

私が結婚したのもこの江東トーハツ時代である。

妻の佳子は新潟の女性で同級生だ。疎開が縁で知り合って、やっとの思いで一緒になった。私にとって、この世で一番大事な存在である。

私と妻とを結びつけてくれたのは、疎開先の新潟県乙村である。

「戦争」の章で述べたように、戦後、私たち疎開仲間は同級会を開いていた。で、二十歳ぐらいの時であったか、同級会に出るため新潟へと行った際、ある男が私にこう言ってきたのである。

「おい、お前そろそろ嫁さんもらえよ」

けしかけてきた男は、これも「戦争」の章で述べたガキ大将。そう、〝新潟のジャイアン〟だ。

彼はこうも言う。

「もらうんなら、新潟からもらえよ」

友人の無責任なそそのかしに、私は少し心が動いた。

〈自分は戦災孤児になったし、家庭が無い。早いうちに結婚した方がいいかもしれないな〉

その当時、乙村界隈には、〝四大美人〟がいた。

読んで字のごとく、

「あれは美人だ」

と、口の端にのぼる若い女性が四人ほどいたのである。

そのうちの一人が、のちに私の妻となる、佳子であった。

佳子は私と同じ乙小学校の出身で、同学年だった。

とはいえ、私と佳子は特に接点があったわけではない。が、私に結婚するよう焚《た》きつけてきたガキ大将は、佳子の家と知り合いらしい。

「あそこなら俺が行けるよ。あの子をもらえよ」

「いや……俺……誰でもいいや……」

とは言ったが、〝四大美人〟の一人となれば、願ってもない話である。言葉とは裏腹に、内心では
〈あの美人か〉

とワクワク期待していた。

そして、そのガキ大将の口利きで、佳子と会うようにはなった。だがそこからが、また大変だったのである。

結婚するといっても、いかんせん私は身寄りの無い戦災孤児である。仕事の方も、やり手のセールスマンではあったが、まだ地に足がついていたわけではない。私がいくら乗り気でも、向こうは私を選ぶ理由など無いのだ。

〈結婚もビジネスと一緒で、段取りと粘り強い交渉だ〉

私はガキ大将をわずらわせて仲介してもらったり、手紙を書いたりした。字が下手だと読まれないかと思って、達筆だった知人の巡査に手紙を代筆してもらった。

しかし、色々攻勢をかけても、佳子本人はともかくご両親が難儀であった。お母さんは手紙を破っていたらしい。

〈正攻法がダメなら、別の手を使おう〉

私は仕事でも、「掃除作戦」をはじめ様々な秘技を発明し、駆使した男だ。アイデアにはいささか自信がある。

このときも、ある方法を考え付いた。

〈米沢屋に頼もう〉

疎開のときの食事先だった米沢屋。その後、東京から新潟に行くときは、宿泊先でもあった米沢屋。好都合なことに、この旅館は佳子の実家と親しかったのである。

「あの渡辺喜太郎君はとてもいい男だよ。私が保証する……」

私は仕事でも、お客さんの口コミに、ずいぶん助けられたのだが、このときもそうだった。信頼する米沢屋が仲介したことで、難攻不落だった佳子のご両親はやや軟化。とりあえず、私に会ってくれることになったのである。

佳子のお父さんは船乗りだった。お母さんは魚屋の行商人。

佳子は私の父と並んで魚をさばく達人だが、それはこのお母さんから伝授されたワザだ。ちなみに佳子の姉の旦那も船乗りで、妻の家は海と魚に関係のある者が多い。

ともあれ私も父の感化で海好き、船好きの男である。「海の男」であるお父さんと会うことは、楽しみでもあった。もとより緊張はしていたが、数々の営業を通じて人の懐に入り込むすべは心得ている。

はたせるかな、いったん同じ土俵へ上がってしまえば、もう私の独壇場だった。

私は父親譲りの社交性と、天から授かった〝爺殺し〟の才能を発揮。それまで私を認めなかった、佳子のお父さんと初対面で意気投合したのである。

お父さんは、

「佳子や、ちょっとこっちへ」

と〝四大美人〟の一人を呼び、

「選ばれて嫁にいくなら、それなりに幸せなことだ。どうするんだ」

と語りかけた。

黙っている佳子に向かって、お父さんは続けた。

「佳子が幸せになるなら、お父さんは反対しない。お母さんのことは納得がいくまで説得するから」

お父さんはそう言って、私と佳子の結婚に、とうとう賛成してくれた。一家の主が承諾したことで、これまた反対だったお母さんも、首を縦に振ってくれた。そして、私と佳子は、お互い二十二歳のとき、晴れて結婚することになったのである。

時あたかも昭和三十一年（一九五六）。経済白書に「もはや戦後ではない」と記載され、日本が国際連合に加盟した年。石原慎太郎さんの「太陽の季節」がベストセラーとなり、〝太陽族〟が出現した年。

そんな新しい時代が始まった年に、私も新生活をスタートさせた。結婚して数か月後には「麻布小型自動車株式会社」を創業。

この昭和三十一年は、結婚と創業が重なるという、私にとって忘れられない年となったのである。

◉妻佳子がいなかったら、いまの私はない。まあ、死ぬまで頭が上がらないな（昭和31年挙式）。

◉二輪バイクや三輪バイクからさらに小型自動車販売へと規模を拡大成長させていった。

## 離婚の危機を救った長男の誕生

佳子の実家で結婚式を挙げた後、私たち夫婦は東京に部屋を借り、新婚生活を始めた。といっても、新婚に相応しい洒落た部屋ではなく、床屋の二階にある四畳半の部屋だった。トイレは共同で、台所も共同。雰囲気も、落ち着きも、全くといっていいほど無い。

〈こんなところへよく嫁に来てくれた〉

と、私は佳子に感謝していた。

しかし、佳子につらい思いをさせたのは、住居の面だけではなかった。

当時、私は江東トーハツ社のセールスマンである。ちょうど、「掃除作戦」を編み出して、トップセールスマンへとのし上がった頃だ。妻をめとろうとめとるまいと、仕事への情熱に揺るぎは無い。いや、養う者ができたため、より一層仕事に燃えていた。

〈もっと稼がなければ〉

私はほぼ毎朝五時に起き、「商売道具」のホウキを引っさげオートバイで出かける。夜も遅くまで帰らない。つまり私は一日十数時間も仕事に出ており、ほとんど家にいない。

一方、佳子は一人ぽつねんと家にいる。新潟から東京へ出てきたばかりで、近くに友人・

知人は一人もいない。あまつさえ、肝心の夫はほぼ家にいない。

〈これではいかん〉

疲れ気味、ノイローゼ気味の妻を後ろに乗せ、私はオートバイでツーリングに行った。当時の私にとって、これが最高の〝おもてなし〟であったのだ。よく遊びに行った「デートスポット」は麻布十番にあった遠縁のお店。のちに私が事業を起こす際、きっかけとなる自転車屋である。もっとももその頃は、起業の話など無い。ただ遊びに行っただけである。私もまた身寄りが少なかったうえに、仕事ばかりで遊び場に詳しいわけではなかった。だからとりあえず、行きやすい所へ顔を出していたのである。

ともあれそんな私の「フォロー」も空しく、佳子は
「実家に帰る」

と言い出した。そして本当に帰ってしまった。

〈やっと、お嫁に来てもらったのに！〉

多くの仲間たちの力を借り、やっとこさ結婚へとこぎつけた私。それなのに、挙式からたったの三か月で、妻に逃げられてしまったのである。

〈どうしよう……〉

私は焦り、反省した。

仕事にかまけて、家のことがおろそかになっていた。

むろん、佳子には戻って来てもらいたい。しかしながら仕事をセーブするのも嫌だ。そんなことを考えているうち、奇跡が起きた。妻の佳子はお腹が大きくなっていたのである。

佳子は翌昭和三十二年三月、実家で子供を産んだ。男の子だった。奉公先の主人・森春吉さんの名前を頂いた長男の春吉である。この子のおかげで、私たち夫婦は元のさやに収まった。

「縁の切れ目は子でつなぐ」という言葉がある。夫婦仲が冷えきって、別れ話が持ち上がっても、子供がその縁をつなぎ止めてくれるという意味だ。

「子はかすがい」という言葉もある。子供への愛情から夫婦の仲がなごやかになり、縁がつなぎ保たれることのたとえだ。

佳子の懐妊を知ったときの私の心境は、まさにこの二つの言葉に言い尽くされている。

私は人生の中で、何度かピンチに立たされた。佳子が実家へ帰ったこのときも、その中の一つだ。しかし、長男・春吉の誕生によって、このピンチを脱することができたのである。

〈子供が私たちを救ってくれた〉

これで私ども夫婦はピンチを脱し、全てが丸く収まった家庭を顧みなかったことを反省したうえで、あらためて仕事に邁進できるようになったのである。

私はこのときのことを思い出すたびに、冷や汗をかく。続いて息子に感謝するのである。

## 共同経営に失敗、でもなんとかなるだろう

妻を乗せてのツーリングの際に、麻布十番の自転車屋に行ったと前で書いた。この自転車屋は「戸羽自転車」といい、奥さんは父親の従姉妹であった。戦災孤児の私にとって、数少ない親戚である。

妻が実家に帰った前後だった。この親戚である奥さんから

「夫が亡くなった」

と電話があった。店の主人である夫は酔ってバイクを運転し、電信柱にぶつかってしまったのだという。

葬儀が終わった後、また奥さんから電話があった。

「喜太さんさ、主人も死んじゃったし、うちに来て働かない？　オートバイ売ってるなら、うちに来て売ったっていいじゃない。うちは自転車屋だけど、これからはオートバイも売るってことにしてさ」

奥さんからこう頼まれて、私は考えた。

〈江東トーハツも居心地がいいけど、いち営業マンだし、番頭みたいな形で会社をやるっていうのも面白いかもな。親戚のよしみもあるし……〉

結局、私は江東トーハツを離れ、戸羽自転車へ移籍することを決めた。店は完全にリニューアルして、奥さんが経営者、私が番頭格の「戸羽オート」として再スタートを切ったのである。

〈順調だった江東トーハツでの生活を捨ててまでこっちへ来たんだから、頑張らねば……〉

私は住居も麻布十番に借り、新天地での勝負に燃えていた。

ところが――。

この新生・戸羽オートは、再出発から数か月で、約七百万の負債を抱えて倒産してしまったのである。自転車屋とバイク屋では似て非なるものなのか、にわか仕立てで上手くいくほど世の中甘くなかったのだ。

〈………〉

会社の破綻を目の当たりにして、私は色々考えた。これまでのことと、今後のことを。

東京へ戻ってから、まず日東内燃機に入社した。そこを人員整理され、江東トーハツへと移籍した。そこでの生活は順風満帆だったが、親戚に誘われ戸羽自転車あらため戸羽オートに来た。

大まかにいえば、一年程度で職場を変えている。

〈結婚もして、妻のお腹には赤ん坊もいるというのに、潰れたらまた次、なんて生活をしているようじゃダメだ。ここが踏ん張りどころだろう〉

別に、フラフラして転職したわけでは全くないが、結果としては、短い期間で会社を移っている。そろそろ、地に足をつけるべきだろう。

〈足利では工場だって経営したんだし、この戸羽オートを自分で再建してみたらどうだろう。営業のコツはつかんだし、丁稚奉公時代以来、一通りのことは学んでいる。麻布の水にも慣れてきたし、ここなら居抜きでできる〉

ただし、戸羽オートは約七百万の負債を抱えている。これがネックだ。仮に会社を始めるとして、まっさらではなく、相当なマイナスから出発することになる。

〈でもまあ、戦災孤児っていうハンデを背負っても、ここまで来たんだ。人の十倍近く売るセールスマンだったんだから、何とかなるだろう〉

〝商売度胸〟とでも言ったらいいのか、私はビジネスに関しては、スパッと決断する方だ。このときも、細かいことを考えず、思い切ることにした。できない理由、失敗しそうな理由を探していては、いつまでもコトは進まない。田中角栄さんのキャッチフレーズではないけれど、「決断と実行」あるのみだ。

戸羽オートを引き受けて、新会社として再出発する——そう決意した私は、債権者会議で頼んでみた。

「……実は、この会社を、私が引き受けたいと思ってます。債権も私が全部肩代わりしますから、会社を続けさせてくれないでしょうか。もちろん、すぐにというわけにはいきませんが、債権はきちんと返します」

私は債権者の方々の顔をしっかり見て、一気にしゃべった。続いて、頭を下げた。いや、自然に下がった。まだ実っていないから、モリハル主人の箴言《しんげん》「実るほど　頭をたれる　稲穂かな」とは違う。が、頭をたれることは、ビジネスの一丁目一番地である。

すると、債権者側の弁護士が言ってくれた。

「……そうか、そこまでの決意なら、君が後を引き受ければいいんじゃないか。負債を整理するまでは、名義上、私が代表者になってやろう。それだったらどの方面も大丈夫だろう。君は若さがあるし、営業はだいぶ得意なようだから、心機一転して頑張りなよ」

しかも、この弁護士の先生は、債権者たちを説得し、約七百万あった負債を、三百万にまで負けてくれたのである。おかげで三年か五年はかかったものの、負債は全額返すことができた。七百万のままだったら、どうなっていたかわからない。

モリハル工場の主人・森春吉さん、工場設立資金を出してくれた源田さん一家……私はこれまでも、年長の実力者に後押しされてきた。そして、またしても今回、年上の有力者が私を助けてくれたのである。

〈やはり、お父さんとお母さんが守ってくれてるんだろう〉

私は父と母の〝見えざる手〟を感じた。天国にいる両親が、私と弁護士の先生とをつなげてくれたと思った。

弁護士とは当たり外れがあるものだ。実力も、人格も、千差万別といっていい。その点私は幸いなことに、人生の勝負所で良心的な弁護士と出会えた。おかげで一国一城の主となり、やがて飛躍することができたのである。この弁護士の先生がいなければ、今日の私はなかったかもしれない。

先生の奥様は病弱だったので、妻の佳子がお子さんの子守りを手伝いに行くなど、ささやかなお返しをさせてもらった。私は七十年近く経った今でも、

〈あのとき負債を値引いてくれなかったら、どうなっていただろう〉

と想像し、弁護士の先生に感謝しているのである。

さて、負債はだいぶ値引きされたとはいえ、カネの問題は他にもあった。

会社の資本金である。

これは自力で集めるしかない。戸羽オートを引き継ぐことを考え始めたときから、資本金をどこから集めるか、色々考えをめぐらせていた。

しかし、資本金の問題は、予想よりもすんなりいった。

妻の佳子の実家が、五十万円も出してくれたのである。

佳子の父母、つまり私の義父は船乗りで、義母は魚屋の行商をやっていた。だから、いわゆる「貧困層」ではない。しかし、大卒初任給が一万円にも満たない時代の五十万円である。大雑把に二十倍程度と見ても、今なら一千万円ぐらいの感覚だ。それなりの生活水準ではあっても、簡単に出せる額ではないだろう。

そんな大金を、海の物とも山の物ともつかない新事業に、ポンと出してくれるとは——。

私は、資金を出してくれたことが非常に嬉しかった。だが、「渡辺喜太郎」というムコを見込んでくれたことも、それと同じくらい嬉しかった。義父母が私の能力・資質に疑問を抱いていたら、金など出さず、

「自分で会社なんて始めずに、どこかいい会社を探して就職したらいい」

といってなだめたであろう。五十万も「投資」してくれたということは、経営者としての私にそれだけ賭けてくれたわけだ。

〈夫として、自分は失格だったのに……〉

妻の佳子が馴れない東京生活に疲れ、実家へ帰ってしまったのはつい先日の話だ。来年出産予定のお腹の子がいなければ、ひょっとしたらひょっとして、私と佳子は別々の道を歩んでいたかもしれない。それなのに、妻のご両親は私を見限らず、逆に期待し、多大なる支援をしてくれた。

〈絶対に、新しい会社は成功させなければならない。自分のためにも、佳子のためにも、お互いの家族のためにも、応援してくれた人たちのためにも……そして、佳子のお腹の中にいる、子供のためにも……〉

妻の実家が出してくれた五十万円は、それほどまでに私の闘争心を煽った。この勝負、決して負けられない。

昭和三十一年八月、私は麻布十番二丁目で、「麻布小型自動車株式会社」をスタートさせた。疎開先だった新潟の友達や、丁稚奉公先だった栃木県の友人・知人たちがわざわざ麻布まで来てくれて、私の門出を祝ってくれた。

資本金百万円のうち、五十万円は妻の実家の出資、二十万円は自己資金、残りは友人・知人たちの支援だった。私はまだ二十二歳。会社の土地も、ちょうど二十二坪であった。しかし、このちっぽけな会社が、のちにハワイに六つの高級ホテルを持ち、港区だけで百六十五か所の土地・建物を所有する、麻布グループへと成長するのである。

〈お、また高くなってきたな〉

その頃会社から、建設中の東京タワーが見えた。二年後の、昭和三十三年に完成するという。あたかも高度成長が始まったばかりで、日本全体が上り調子となってきた時代だ。

〈あの赤い鉄塔が完成する頃には、会社を軌道に乗せたい〉

工事中の東京タワーはだんだんと、しかし着実に高くなっている。完成すれば、三百三十三メートル。日本一高い建造物だそうだ。フランスのエッフェル塔よりも高くなるらしい。

〈わが麻布小型自動車も、だんだんと、着実に大きくなってみせる――〉

あの頃の私は、完成間近の東京タワーに、ちょっぴりライバル心を抱いていた。

## 営業用の必須小道具

麻布小型自動車の設立当初は、主にオートバイやスクーターを売っていた。そのうちオート三輪車、そして四輪の車を扱うようになった。顧《かえり》みて、わが麻布グループの歩みは、日本のモータリゼーション、車社会化の歩みとほぼ同じにしていたと思う。

ともあれ、会社なるものは、売り上げを出さなければならない。売り上げを出すためには、商品を売らなければならない。ましてやこの新会社ときたら、出発した時点より、負債を抱えているのである。他の会社以上に商品を売らないと、すぐに立ち行かなくなってしまう。

……ということで、私は麻布十番の街を徘徊した。むろん、「掃除先」を探すためである。

〈まずは商店街の顔役や、地主の家がいいだろう。顔も広いだろうから、口コミでどんどん広がっていくはずだ〉

私はそう当たりをつけ、例によって朝五時、ホウキを持って出かけた。で、掃いた。目を付けた顔役や地主の家は、程度の差はあれどこも豪邸で、庭がある。掃きでがあった。

四、五日掃除を続けたら、案の定、お手伝いさんたちが私の存在に気付いた。江東区の頃と同じである。でも私は慎重に振る舞い、彼女らに話しかけたりはしない。自己アピールは一切しない。ひたすら「善意」で掃除しているように装う。

雪が降った日は、ホウキをシャベルに持ち替えて、雪かきをした。都会の女性にとって、雪かきとはかなりの重労働だ。が、私は疎開時代、新潟の雪を経験している。「本場」での雪かきに比べれば、東京でのそれなど子供の遊びに等しいものだった。せっせと雪をどかしていくと、お手伝いさんたちは大喜びする。掃除以上のインパクトを与えられるのだ。

そのうち、読み通り、

「あの麻布小型自動車の渡辺さんというのは、誰に褒められるわけでもないのに掃除や雪かきをしてくれるいい人」

という評判が立った。

こうなれば、もうしめたものだ。

「毎朝大変ね、朝ごはんでも食べてってちょうだいよ」

と屋敷に招かれ、奥様やお手伝いさんと談笑するようになる。で、次は御主人たちとも親しくなって、そこではじめて商売の件を持ち出すと、話は一気にまとまる——という按配である。

これまた読み通り、街の有力者たちは横のつながりも影響力も強いから、〝掃除屋〟の評判はどんどん広がった。比例して、売り上げもどんどん増えていったのである。

また、麻布に移ってからの私は、営業用の小道具も駆使した。

麻布十番で売っていた、「ライオンバターボール」という高級キャンディをケースごと買って、タイミングを見て女性や子供に配るのである。このキャンディは女性や子供に大変な人気で、差し上げると非常に喜ばれた。

しかも、アメを大量購入したことで、製造元のお菓子屋さんとも懇意になった。そのお菓子屋さんはわが社のお得意となり、スクーターを十台ぐらい買ってくれたのである。

そうして街に溶け込んでくると、さらに多くの方々が、私を可愛がってくれるようになった。私の方も、不仲だった人たちを仲直りさせるなど、多方面で街のために尽くしたつもりだ。今も麻布のみなさんとは、いいお付き合いをさせてもらっている。

みんなが仲良くなれば楽しいし、暮らしやすくなる。おまけに商品も売れる……麻布で小さな会社を始めた私は、自社が街と一体になり、じわじわ大きくなっていくのを実感していた。

## 「これだ、この道だ……」

創業翌年の昭和三十二年には、長男の春吉が誕生した。既述した通り、「春吉」という名前は丁稚奉公先の主人・森春吉さんの名前を頂戴したものだ。

〈この子には、金や食べ物の苦労だけは絶対にさせまい〉

疎開先で日々の食事にも困り、形見の腹巻に縫い付けてあった百円札によって命拾いした私。わが子にあんな思いをさせないよう、私はより懸命に仕事をした。養う家族が増えたことで、何か、やる気以外の、責任感の如き感覚も出てきた。私自身、まだ二十二、三の青二才ではあったが、「親」となってから、思考・行動が完全に大人になったと思う。

東京タワーが完成した昭和三十三年（一九五八）末、負債はまだ残っていた。が、完済のメドは立ち、このまま会社をやっていける自信はついていた。また、麻布十番という街に溶け込めたことで、地に足がついている感覚が出てきた。

創業した当初は、金儲けというか、売り上げを伸ばすことばかり考えていた。が、父となり、さらには地域社会の一員となることで、どこかしら視野が広がってきた。

〈これは子供のためになるか〉

〈これをやれば地元のためになるか〉

といった金儲け以外の感情や発想が、私の中に生まれてきたのである。

自動車を主として扱い出したのも、ちょうどその頃であった。昭和三十五年前後、一九六〇年代が始まった時期だ。負債も約束通り完済した折で、振り返ればわが社が再スタートした時代だったといえそうだ。

バイクから車にシフトをしたきっかけは、「バッタ屋」の存在だった。

バイクや車を販売すると、下取りで中古車を引き取ることになる。これらの中古車を店先に並べていると、腹巻に現金を入れた連中がやってきて、

「現金でまとめて買うから負けてくれよ」

と買い叩こうとしてくる。

こちらは現金が欲しいから、つい売ってしまう。しかし当然だが、バッタ屋に売ると、通

常の取引より利益が大幅に落ちるのだ。よく現れるバッタ屋たちと接するうち、

〈中古車を売る方が面白いかもな〉

と思うようになったのである。

まず、中古のオートバイ三輪車を売った。今でもよく覚えているけれど、麻布十番の八百屋さんが買ってくれた。八万円で買ってきて、部品やタイヤを取り替えて、綺麗に塗装して十二万円ぐらいの原価で仕上げた。それが三十万円で売れたのだ。つまり儲けは十万円である
新車のオートバイを売った場合、利益はおおよそ二万五千円だ。一台売っただけで、その約四倍の利益が出たことになる。

〈これだ、この道だ……〉

中古車販売に対し、私の〝商売のカン〟が強く働いた。そこで、新車を売る一方で、中古車の扱いをどんどん増やしていった。三輪や四輪の中古を買い、修理して、ピカピカにして売る。すると、どれも十万円以上の利益が出た。こうなると、仕入れが重要になってくる。

私は中古車を手に入れるため、東京日産自動車販売の中古車販売部に日参した。なんとか取引させてくれるようにはなったが、月二、三台しか手に入らなかった。古参業者の力が強く、うちの如き新参の枠は限られていたのである。

## 東京日産自動車販売の金看板

ここで私は「暴挙」に出た。

会社の店先に、「東京日産指定販売店」という看板を掲げたのだ。取引していることは事実だが、指定なんて受けていないし、了解もとっていない。でもこうすれば、なぜか既成事実になりそうな気がしたのだ。これも私の〝商売のカン〟である。

すると、奇跡のようなことが起きた。

わが社が勝手に掲げた看板を、東京日産自動車販売の吉田政治会長が目撃したのだ。吉田会長は近所に住んでおり、通勤途中に目撃したらしい。不審に思った吉田会長は、「あの看板は何だ？」といって社内で調べさせた。その結果、月に何台か取引している会社だと知る。

ここで吉田会長は、無断で社名を失敬したことを怒ったり、咎《とが》めたりしなかった。そんな非常識なことをする会社に、かえって興味を抱いてくれたのである。

そして吉田会長は、ある日突然、わが麻布小型自動車を訪ねてきた。驚いた私が対応すると、運転手の方にビールを一ケース持たせ、

「東京日産自動車販売の吉田といいます。いや、うちと取引してくれて、ありがとうござい

ます。これ、みなさんで飲んでください」

と、頭を下げてきたのである。

私は恐縮のあまり、頭を上げることができなかった。モリハルの主人は「実るほど　頭をたれる　稲穂かな」と戒めてくれたが、このときばかりは「たれる」のではなく「上げられなかった」が正しい。断りなしに看板を出した無名の会社に、自動車業界の重鎮が挨拶に来る……日本の自動車史をひもといてみても、これほど奇妙きてれつな場面はほとんど無いであろう。

しかも、吉田会長との接点は、これにとどまらなかった。しばらくすると、今度はご自宅に招待されたのだ。

私はお手伝いさんの案内で恐る恐る豪邸に向かい、まず、謝罪した。

「商売のために、御社の名前を利用させていただきました。申し訳ありません」

それから私は吉田会長に聞かれるまま、身の上を話した。戦災孤児になり、足利で丁稚奉公し、東京に戻ってセールスマンになり、数年前に麻布で開業……。吉田会長は「渡辺喜太郎」という人間に、かなりの関心を抱いてくれたようだった。

後日、吉田会長は役員会で、

「あの麻布小型自動車の渡辺というのは、戦災孤児になってだいぶ苦労してきたやつらしい。

面倒をみてやってくれ」

と指示してくれたらしい。すぐに中古車販売部長が駆け付けてきて、

「会長の指示で、これからは貴社を特約店として扱わせていただきます」

と言った。以後、それまで月に二、三台だった東京日産販売からの仕入れが、一気に増えた。量の面だけでなく、質の面も向上した。ダットサンをはじめとする人気車種が、たくさん仕入れられるようになったのである。

私は丁稚奉公時代やセールスマン時代、よく目上の人たちに寵愛《ちょうあい》されたが、経営者になってからもそうだった。多くの先輩方に可愛がられた。そのため〝爺殺し〟といわれたが、私を引き上げてくれた最初の方が、この吉田会長である。

他方、嬉しい悲鳴もあった。取引が激増したために、買い付け資金が足りなくなる事態が起きたのだ。そこで、麻布十番の仲間であったコンニャク屋さんに相談すると、港信用金庫の支店長を紹介してくれた。おかげで資金の心配は無くなった。持つべきものは地元仲間である。

いや、持つべきものはもう一つあって、良妻である。当時、うちの会社は二階建ての社屋で、一階が事務所と作業所、二階が住居、屋根裏が住み込み修理工の宿泊部屋だった。従業員は十人ぐらいいた。

妻の佳子は、会社と社員のために、炊事洗濯を全うしてくれた。食事を毎日十人分、朝昼晩と夜食の四回つくり、汚れた作業着の洗濯もしてくれた。来客があればお茶を出し、電話の応対もする。その合間に赤ん坊の面倒を見て、私の世話もする。

軍隊にたとえれば、佳子は強力な兵站《へいたん》役だった。食料その他がきちんと補給されるから、我々は前線で戦えた。佳子のような勤勉かつしっかり者の妻がいなければ、わが社もあそこまで伸びなかったと思う。会社とは、外から見えない部分の役目が、思いのほか重要かつ大きいのだ。

小さい会社ゆえ、社員も家族のようだった。なにしろ一日四食も、佳子のつくった料理を食べるのだ。仕事が終われば私たち家族と一緒に「麻布十番温泉」に行き、休日には連れ立って映画を見る。よく働きよく遊んだ、わが社の青春時代であった。

とにかく、吉田会長との出会いによって、わが社は「東京日産自動車販売の御三家」と呼ばれるまでになった。私が音頭を取り、東京日産の出入り業者をメンバーにした「東京日産自動車指定販売店会」も設立した。当時、日本は高度成長していたが、わが麻布小型自動車も、その波に乗ることができたのである。

昭和三十八（一九六三）年、麻布小型自動車は社名を「麻布自動車産業」へと変更した。

はじめはバイク販売でスタートしたが、今や中古車販売が中心だ。

吉田会長のご厚意により、東京日産とがっちりつながった。だから仕入れルートはできたが、問題は販売だった。店頭で売るだけではたかが知れている。

〈これからは地方にも車が増える。地方の業者に営業をかけよう〉

そう考えた私は、地方の中古販売店や整備工場に向け、毎月一万通のダイレクトメールを送った。こんなことをする車屋は私だけだったが、これが大成功した。全国の業者が押し寄せてきたのである。

DMを見た地方の業者は、夜行列車に乗って上野に来る。彼らを迎えに行って麻布十番へ戻っても、まだ朝の五時頃だ。ちょうどお腹が空いてくるから、妻が朝食をつくって接待する。

「いやぁ、朝ご飯まで……申し訳ありませんなあ」

予想外の厚遇に、業者は大喜びだ。で、上機嫌の彼らに車を見せると、四台、五台と買ってくれた。

私は仮ナンバーを取れるよう、事前に手配しているから、業者は買った車の中から一台選び、それを運転して帰る。残りの車はレッカー車に乗せて送る。一日でこれだけのことをやる業者はまずいなかったから、同業者からは絶対の信頼が得られたと思う。

◉麻布自動車を中心とした麻布グループの社員旅行。この日ばかりは上下関係のない楽しい時間を楽しんだ。

◉趣味は海に出てクルージングを楽しむことだった。

◉大繁盛だった麻布自動車中古車展示会。

幸運が続くことを「有卦《うけ》に入《い》る」というけれど、このころの私はまさに有卦に入っていた。東京日産自動車販売に加え、東京トヨタ自動車販売とも関係ができ、東京マツダ自動車販売の特約店にもなった。

時代も私に味方した。高度成長時代は続き、マイカーブームも続いた。わが社は一か月で五百台も売った。そして、昭和四十年代前半には、中古車販売台数で、わが麻布自動車が全国トップになったのである。

〈全国一位……〉

戦災孤児となって二十年。会社を始めて十年。ゼロからスタートした丁稚奉公上がりの私が、「一番」になるとは。

〈やっぱり守ってくれてるんだろう〉

私は両親の庇護を感じた。確かに私は人一倍、いや人十倍ぐらい働いてきた。妻をはじめとする、多くの人々の助力も得た。でも、負債を抱えてスタートした会社が、わずか十年でトップをとるとは、実力以外の要素も働いたとしか考えられない。

〈だが、浮かれてはならない。実るほど　頭をたれる　稲穂かな　だ。絶えず頭を下げ、感謝しなければ〉

しかし、頭をたれても、仕事は消極的であってはならない。

私は機に乗じ、奉公先だった足利を手始めに、各地に営業所を開いた。グループ全体の従業員も、百六十人にまで増やした。人材もエリアも全国規模に拡大したのだ。

その結果、わが麻布自動車は、都内だけでも一千軒以上といわれた中古車販売業者の中で、全国トップの会社となったのである。

昭和四十三年には、五人の同業者の方々と共に、自動車雑誌の座談会に出席した。詳しいことは忘れたが、確か、業界を代表する会社ということで、招かれたのだと思う。私はいわゆる論客ではないけれど、会話は人一倍好きな方である。座談会でも、それなりの話はできたと記憶している。

## 麻布に自社ビルを構えた

全国規模で事業を展開するようになると、自然と海外に目が向くようになる。市場が「日本全体」になると、

〈外国は、どういう状況なのだろう?〉

ということを考え始めるのである。

そんな折、東京マツダ販売の石塚秀男社長らと共に、アメリカへ行く機会に恵まれた。昭

和四十四年、デンバーで開催された全米オートオークション協会の大会を、視察することになったのである。私は初めての訪米だったので、妻も同伴し、仕事の合間に西海岸を回ってきた。

アメリカは、さすが自動車先進国だった。特に、日本には無い中古車オークションは盛大で、強く印象に残るイベントだった。なにしろ三大自動車メーカーが、中古車業者を対象に、それぞれ豪華な晩さん会を開くのである。

〈こりゃ、日本でもオークションの時代が必ず来るな〉

私はそう確信し、二年後の昭和四十六年（一九七一）、「日本オートオークション協会」を立ち上げた。これは翌年協同組合となり、その後上場企業へと発展した。今や、ネットでも行われている中古車オークションは、私たちのアメリカ視察から始まったのである。

全国展開を始めた頃の麻布自動車は、だいたい月に四百台、多い月には五百台の車を売っていた。そうなると、今度は車の保管場所についても考えねばならなくなる。

月に四百台の車を売るには、常時五百台の在庫が必要だ。その車たちを置くために、最初のうちは麻布近辺の土地を借りていた。

そんなとき、取引先の同栄信用金庫の理事長が、こんなアドバイスをしてくれたのである。

「車の置き場所なら、土地を借りるより、買った方がいいですよ。土地はいずれ上がっていきますから……」

この言葉を聞いたとき、私の〝商売のカン〟が働いた。「納得」や「理解」とは少し違う。何か、血が騒ぐような感覚に駆られたのである。

私は素直な性質《タチ》だ。良いと思った忠告は、なるべく従うようにしている。おまけに今度は、〝商売のカン〟まで稼働した。

〈買うしかない〉

私は土地を物色した。初めてまとまった土地を買ったのは、麻布十番の一等地にある三百五十坪。およそ二百台の車が置けるうえ、従業員の社宅にも使える広さだ。ここを坪二十五万円で購入したのだが、何とこの土地が、瞬く間に坪九十万円にまで跳ね上がったのである。

〈二十五万×三百五十＝八千七百五十万で買った土地が、あっという間に四倍近くの三億一千五百万円……！〉

いきなり二億も儲かった私は、「土地」の凄さと潜在能力に驚いた。土地を買っておけば必ず儲かる、とも思った。

「世界で六番目の金持ち」への道のりは、このとき始まった。

土地の面白さを知った私は、次々と土地を買い始めた。中古車販売は軌道に乗っていたから、銀行に話せば金はすぐ借りられた。買った土地がまた上がり、どんどん資産は膨らんでいった。

昭和四十五年（一九七〇）には、麻布の鳥居坂下に、鉄筋コンクリート九階建ての本社ビルを建てた。昭和二十八年に上京してからしばらくの間、私の住処は屋根裏だった。その私が十数年経って、都内の一等地に、自社ビルを構えたわけである。

〈お父さん、お母さん、やっとここまで来たよ〉

私は自分の〝城〟を見上げながら、天国の両親に報告した。私が猛烈に働いたのは確かだが、それだけで、ここまでのビルが建てられるはずがない。

両親が守ってくれたからこそ、妻の佳子の内助の功があったからこそ、九階建ての城が築けたのである。

都心に建てたある高級マンションには、皇族の方がご入居してくださった。

そのため宮内庁から、三つ重ね（重箱、杯、衣服を三つに重ねて一つにしたもの）や勲章を授与された。

しかも天皇陛下にお招き頂き、かの入江侍従長から、

「孫が可愛いのは陛下も同じです」

と、お声をかけて頂いたことを覚えている。

## 恩人、日産自動車石原俊社長

不動産事業と出会った頃、のちに私を救ってくれる恩人との出会いもあった。日産自動車社長や経済同友会代表幹事を務められた、石原俊さんである。

石原さんと初めて会ったのは、昭和四十年代の前半頃、日産の販売店のオープニング・パーティーの席だった。まだ石原さんが専務の頃だ。そのときは挨拶を交わしただけであったが、その後、偶然にも横須賀の佐島マリーナで再会した。石原さんも私と同様、船や海釣りが大好きだったのである。

同じマリーナのメンバーである船仲間ということで、石原さんとは急速に親しくなった。ご自宅にも数えきれないほど行った。というのは、石原さんは家で麻雀をやるため――これを「石原麻雀」という――、メンバーとしてしょっちゅう呼ばれていたのである。

私は石原さんから麻雀を教わったようなものなのだが、とにかく日産の役員らが〝雀友〟で、彼らとも自然と親しくなった。時に、石原さんの奥様も雑談に加わって、みんなとざっくばらんに話したことも懐かしい。あの奥様は、仕事のことで私を助けてくれたこともある。

石原さんと懇意になった時期、わが社は自動車も不動産も順風満帆だったのだが、にわかに経営危機が訪れた。

第一次オイルショックである。

昭和四十七年に、田中角栄さんが「日本列島改造論」を引っさげて首相になった。すると地価が高騰し、インフレが進行する。そこへ第四次中東戦争が勃発し、日本経済は大混乱に陥った。トイレットペーパーの奪い合いが起きたのもこのときだ。

自動車業界も大打撃を受け、多くの中古車販売会社が倒産した。わが麻布グループも例外ではなく、ビルを建てたばかりだというのに、売り上げが激減してしまったのである。

創業以来のピンチを迎えた私は、

〈ここは、石原さんに相談するしかない〉

と思った。土地で儲けることができたのも、信用金庫の理事長のアドバイスがあったからだ。闇雲《やみくも》にあがくより、先輩の意見を聞き、それに従った方が得策だろう。

それに、人間というものは、フトコロに飛び込んでくる者を、ないがしろにはしないものだ。かつて多くの顧客を摑んだ、掃除作戦もそうだった。私は商品を売るのを後回しにして、まず掃除を通じてお客様の心に入った。そしてお客様たちは、心に入ってきた私の売る商品を、気持ちよく買ってくれた。今回も、石原さんの心の中に入らなければならないのだ。

「石原さん、実は今、うちの会社がだいぶ厳しい状況でして……」

私は石原さんに窮状を話した。正直に、洗いざらい話した。相談する以上、つまらぬ隠し事はしてはならない。隠し事をしていては、フトコロに入れない。年も格もずっと上の相手には、裸で当たってみるしかない。

「そうか、そういうことなら、何とかしてやろう」

はたせるかな、日産の大幹部は事情を察してくれた。フトコロに飛び込んできた私を、土俵際から救ってくれた。完成したばかりの麻布のビルと東京都青梅の営業所を、前家賃で借りてくれたのだ。この賃料のおかげで、わが社は瀕死の状態から脱することができたのである。

〈もしも、あのとき石原さんが助けてくれなかったら、今頃どうなっていただろう?〉

私はその後、定期的にこのときの「もしも」を思い出すようになった。石原さんとの出会いがなかったなら「世界第六位の富豪」になることもなく、別の仕事に転じていたかもしれない。経営者ですらなくなっていたかもしれない。

〈どうせ元々は裸だったんだから、元へ戻るだけじゃないか――〉

ちょっと開き直ったように、そう考えたこともある。でも私は、石原さんと出会っていたおかげで、裸にならずに済んだ。会社も息を吹き返した。

人間とは、一人では生きていけない生き物だ。わけても会社の経営は、様々な人の力を借りねばやっていけない。そして様々な人の力を借りるには、時に全てをさらけ出し、相手のフトコロに飛び込むことが必要なのだ。私はそのことを、オイルショックのときにあらためて学んだ。

ともあれこのときを境に、石原さんは私の先輩ではなく、「恩人」となったのである。

恩人・石原さんに関しては、一つ、触れておきたい話がある。

日産労組組合長にして自動車総連会長の、塩路一郎さんとの因縁である。

前述の通り、私と石原さんは、佐島マリーナに属していた。だが私は、三宅島をヘリコプターで訪れた帰り道、建設中の逗子マリーナを上空から目撃し、

〈素晴らしい……〉

と、一目惚れしてしまった。そこですぐに船の係留を申し込み、その話を石原さんにすると、

「私も移りたい」

と言う。

実は、石原さんの宿敵である塩路さんも、佐島マリーナを利用していたからだ。

〝労働貴族〟と呼ばれた塩路さんは、石原さんより前から佐島マリーナにヨットを留めてい

た。後から来た石原さんとは、初めから仲が悪かった。

お二人は、社内の対立を海にまで引きずっていた。塩路さんとも親しい私は、船内での飲み会などを企画したものの、労使の溝は埋まる気配が無かった。

みんなでカツオ釣りに出た際など、船の中で言い合いを始め、聞くに堪えない言葉も飛んだ。

「塩路さん、それ、言い過ぎだ」

と、私が止めに入ったほど、お二人は火花を散らしていた。

その後、石原さんは、塩路さんの女性問題や〝労働貴族〟批判を利用して、塩路さんの排除に成功する。〝塩路天皇〟と呼ばれたほどの実力者も、社長であり財界の首脳である石原さんには、さすがにかなわなかったのだ。

私は退職した塩路さんを、うちの会社の顧問に招き、五年間、かなりの給料を払った。その心は、「もう、石原さんのことを攻撃するのはやめましょう」というものだ。

人間、仲が悪いというのはやむを得ない。合わない人、嫌いな人は必ずいる。しかし、石原さんと塩路さんのように、一応は同じ釜の飯を食った者同士が、最期までいがみ合い続けるというのは悲しいし、無益である。

「人を呪わば穴二つ」という言葉があるけれど、誰かを罵倒したところで何も生まれない。

反発と顰蹙《ひんしゅく》を買うだけだ。顧問時代の塩路さんは、露骨に石原さんを叩くようなことはしなかったので、私の暗黙のメッセージを理解してくれたのだと思う。

## ヤナセの梁瀬次郎社長からの薫陶

昭和五十年代に入ると、わが麻布自動車は、二つの〝構造改革〟を行った。

まず、昭和五十三年（一九七八）に、「麻布自動車産業」を「麻布建物株式会社」へと社名変更した。不動産事業へ本格的に乗り出すためだ。とはいえ同時に、「麻布自動車」を設立し、自動車販売も存続させた。

「乗り物の販売」はわが社の原点だから、これをやめるわけにはいかない。何事も原点を離れ過ぎると、地に足がつかなくなってくる。会社にも個人にも当てはまることだが、迷ったときに帰れる「原点」を失うと、己の立ち位置も失うことにつながりかねないと思う。

ただ、わが社の原点だとはいっても、自動車販売の売り上げが落ちてきたことは事実であった。まだ何とか、国産中古車を月に三百台売ってはいた。だが皮肉にも、私が導入に尽力したオークションの普及や、大手の自動車販売会社の中古車市場参入などで、競争が激化。以前ほどの利益は出なくなってきた。

そこで私が目を付けたのが、「高級外車」である。

当時、日本人の生活レベルは目に見えて上がっていた。創業の頃は珍しかった外車をよく見かけるようになり、私の周りでも、ベンツなどに乗る人が増えてきた。

〈風向きが変わったな〉

私はそう見た。中古車販売にシフトしたときや、土地の面白さを知ったときと同様に、〝商売のカン〟が働いた。

〈思い切って、高級外車を中心に据えよう〉

こうと決めたら私は早い。昭和五十六年、わが社は本社ビルの一階から七階までをショールームに改装し、高級外車をズラリと並べた。その数約二百台。ここまで世界の名車が展示されている会場は、世界でもこのショールームだけだった。さらに、「一千万以下のクルマは売らない」と宣言し——実際にはそれ以下の車も売っていたのだが——、高級志向を前面に出したのである。

わが社はこれまで、中古車を主力としたリーズナブルな路線をとっていた。それが高級外車へ転じたわけだから、百八十度の転換である。不安が無かったといえばウソになるが、私は自分のカンを信じた。過去の戦略変更も、間違ってはいなかったからだ。バイクから中古車販売へ、あるいは不動産への転換も、基本的には成功した。

実績は自信を生む。自信は迷いをどこかへ押しやり、決断を早める。私の場合も過去の実績が自信となり、外車への決断を後押ししたのである。いわば「カンと自信」に基づく戦略変更であった。

はたして、高級外車への転換は、大成功した。本社のショールームには人が押し寄せ、輸入が間に合わないケースすらあった。最も人気のあったベンツなど、ひと月で五十台も売れた。

ベンツの原価は、税金等も入れて一台一千百万円ぐらい。それを一千六百から一千八百万円で売っていたから、一台につき六百万円前後儲かった。

しかも、高級外車を扱ったことで、私の世界は広がった。多くのスポーツ選手や芸能人らがショールームに集まり、彼ら彼女らとの交流ができた。

また外車販売は、経営者の横のつながりも伸ばしてくれた。わけても名前を挙げたいのが、ヤナセの梁瀬次郎社長である。

ヤナセといえば、メルセデス・ベンツの総代理店で、日本を代表する自動車輸入会社である。私は高級外車を扱うに際し、筋を通すために面識の無かった梁瀬さんを訪れた。高級外車のシンボルであるベンツだけは、並行輸入でなく、正規販売にしたかったからだ。

「実は今回、私どもで外車を扱うことになりました。つきましては、ヤナセさんの特約店にしていただけませんでしょうか」

私は初対面ながら、自動車輸入業界の雄に直談判した。梁瀬さんは
「わかった」

と言ってくれたが、実はすでに、麻布エリアに特約店があったため、正規販売の話は消えた。しかし並行輸入に関しては、

「私が『やるな』と言うわけにはいかない。しょうがないんじゃないか」

と認めてくれ、修理部品を売ることすらしてくれた。おかげで麻布自動車は、並行輸入のベンツの修理やアフターサービスに、一切支障をきたさなかったのである。

梁瀬さんが、初対面のライバル業者にここまでの配慮をしてくれたのは、私がフトコロに飛び込んできたからだろう。オイルショックでピンチを迎えた際、日産の石原さんを頼ったときもそうであったが、私は正直に意図と戦略とを説明した。そのうえで、「特約店にしてください」とお願いした。そういう業者は他にいなかったはずだ。筋を通し、裸で飛び込んできたからこそ、梁瀬さんは私を受け入れてくれたのだと思う。概して大物は、正直で、裸になった人間を、フトコロに入れてくれるものなのだ。

ということで、私は梁瀬さんと昵懇《じっこん》になり、毎月のようにヤナセ本社を訪れたり、銀座に飲みに行ったりするようになった。そんなとき、梁瀬さんがあるアドバイスをしてくれた。

「渡辺君、裏ばっかりじゃなくて、表の仕事もやんなきゃいけないよ。表の輸入代理店をやらないと、世間に認められないよ」

つまり、並行輸入ばかりでなく、正式な輸入代理店にもなれというわけだ。

〈なるほど。正式な輸入代理店にもならないと、世間の信用を得られないかもな〉

梁瀬さんの忠告に納得した私は、早速、英国のアストンマーチンの代理店になった。梁瀬さんの言う通り、正規の代理店になるや、わが麻布自動車の信用と格は格段に上がった。儲けの面ではたいしたことが無かったが、何物にも代えがたい、無形の財産を得ることができたのである。

## 三越の天皇岡田茂と女帝竹久みち

わが麻布自動車の信用と格を上げてくれたのは、他に、三越との提携もあった。

当時、三越はある外車の輸入を目論んでおり、アフターサービスをできる業者を探していた。そこで、全国展開している会社ということで、わが社に白羽の矢が立ったのである。

そのころ三越は、岡田茂社長が〝天皇〟として君臨していた。岡田さんは、私に対しても尊大で、初対面でいきなり

「何だ？　自動車屋か？」

などと言ってきた。

〈何だ。この人は!?〉

と私も驚いたが、話し始めると、すぐに意気投合することができた。

三井グループがフランス製品を買い付けに行くミッションの際、岡田さんは私を誘ってくれた。これは外相だった安倍晋太郎さん肝いりのミッションで、ミッテラン仏大統領主催の晩さん会まである、盛大なものだった。

このとき私はフランス車を二百台も購入。しかも、岡田さんに、すでに懇意だった安倍晋太郎さんを紹介し、大変喜ばれた。これを機に、わが社と三越の関係は密接になり、「天下の三越」の看板を得た麻布自動車の信用も、大いに高まったのである。

岡田さんとは、その後もエーゲ海客船ツアーに同行するなど、良い付き合いが続いた。毀《き》誉褒貶《よほうへん》の激しい方ではあったが、従来の百貨店の経営者とは一味違う、斬新な感覚を持っていた。若者向けのファッションを売り出したり、マクドナルドの一号店を開業させたりといった話は、岡田さんならではのものだろう。

ところで岡田さんといえば、昭和五十七年（一九八二）の「三越事件」が有名である。これは、岡田さんの愛人だった竹久みち女史が、三越の経営に口を出し始めたことに始まる。

岡田さんの解任・逮捕という結末を迎えた頃、世間はこの話題で持ち切りだった。

実はこの事件に、私も関わっていたのである。

竹久氏と初めて会ったのは、エーゲ海ツアーのときだった。岡田さんの秘書が、竹久氏の靴を脱がせる場面を目撃してしまい、

「あ、三越の女帝とはこれのことか」

と思った記憶がある。

三越の役員は、みな彼女の言いなりだった。彼らは岡田さんと親しい私にも相談してきて、

「竹久を何とかできないか」

と言う。危険な空気を察知した私は、

「早く竹久さんを出入り禁止にした方がいいですよ」

と、何度か岡田さんに注意した。だが三越の天皇は、

「俺と竹久はそんな関係じゃない」

と否定。そのうち役員たちは、ついに私の家にまで来て、

「竹久みちと別れないと岡田を解任する。でも、別れてくれさえすれば、解任はしない」

などと言ってきた。

私はいよいよ危ないと思い、

「岡田さん、社内に不穏な空気がありますから、もう竹久さんのこと、ハラを決めた方がいいですよ」

と、あらためて注意した。すると岡田さんは、

「女がいないと人生つまらない。誰か、いい女紹介してよ」

などと言い出した。しかも、意中の人までいるという。私も顔見知りの、三越仙台店の近くにある料理屋の女将が、そのお目当ての女性だった。

私が女将を説得すると、幸い好感触だった。そこで、わが社所有のマンションの一室を、彼女専用の客室に改装。岡田さんと逢引する段取りまでつけた。残るは岡田さんが、竹久氏を切る旨を、宣言することだけである。私は岡田さんに、

「もう、準備は整いましたから、早く竹久さんを出入り禁止にすると発表してください。そうしないと、今度の役員会でやられますよ」

と頼んだ。

しかし、いつもは決断力のある岡田さんは、ぐずぐずして発表を先送りした。そのうち反岡田派は、取締役会で岡田解任案を発議。これが可決され、岡田さんは失脚してしまったのである。このとき岡田さんが叫んだ「なぜだ」という言葉は、流行語にもなった。

解任後、岡田さんはマスコミに追い回されたが、そのとき隠れた場所というのが、私が用意したマンションだった。岡田さんが特別背任で捕まった際も、このマンションから警察に向かったと記憶する。

竹久みち氏も脱税などで逮捕されたが、私は三越の役員に頼まれ、氏が三越に卸した雑貨の在庫を買わされた。これにはまいった。

「めんどり歌えば国滅ぶ」という言葉がある。妻が夫を尻に敷くような家は、やがて滅びるというたとえである。男女同権を叫ばれる昨今ではあるけれど、私はこの言葉は本質をついていると感じる。政財界において、〝めんどり〟が歌って悲運を招いた実例を、竹久氏以外にも見たからだ。

その点、うちの家内の佳子は、仕事に口を出したことは一度も無く、おかげで私は仕事に集中することができた。結婚から七十年近く経つけれど、佳子と結婚して良かったと、心から思う今日この頃である。

# 第四章

# バブル「運と逆境」

## 師匠、国際興業小佐野賢治

高級外車が広げてくれた人間関係の中で、大トリとして紹介したいのが、国際興業の小佐野賢治さんである。

政商、小佐野賢治さんのことは、皆さんもよくご存じであろう。山梨の極貧の家に生まれた小佐野さんは、裸一貫上京後、自動車関係の会社に勤めたのち独立。自動車部品業を皮切りに、事業家として大成功を収めた。政界に影響力を持つ「黒幕」としての顔もあり、特に田中角栄さんとの関係は、よく知られたところである。ロッキード事件で逮捕されたが、証人喚問での「記憶にございません」という言葉は、今も政治家などがよく使っている。

昭和五十八年（一九八三）のある日、その小佐野さんの秘書から、「うちのオーナーが会いたがっている」と電話がきた。

〈え！　あの小佐野さん!?〉

私は驚いた。そして興味が湧いた。なにしろ小佐野賢治といえば、日本屈指の経営手腕の持ち主である。おまけに経歴も、何となく私に似ている。

私はすぐに八重洲の国際興業を訪れた。初めて会う小佐野さんは、

「おぉ、よく来てくれたな。どうだい景気は？」

と、旧知の如く接してくれた。で、私は、車の話やビルを建てた話などをした。すると小佐野さんは、本題を切り出してきた。

「実は相談というか頼みがあってさ、うちの会社が代理店をしているクライスラー車を扱ってみないか。会社の知名度も上がるし、あの有名なクライスラー本社のアイアコッカ会長とも知り合える」

クライスラーは日本では不人気で、小佐野さんは契約をやめようとしていた。その後継として、麻布自動車を指名してきたというわけだった。これは初めから損を承知の話で、小佐野さん自身、

「赤字額は五、六千万ぐらいかな。宣伝費と思ってやってよ。売れ残ったら、帝国ホテルで買い取るからさ」

と言っていた。ちなみにその頃小佐野さんは帝国ホテルの筆頭株主で、のちに会長に就任することになる。

〈確かに売れないだろうが、宣伝にはなる。それに、梁瀬さんの忠告を聞いてアストンマーチンの正規代理店になったら、確かに会社の信用は上がった。クライスラーの代理店をやれ

ば、さらに上がるだろう〉

安倍晋太郎外相からも、「日米関係のためだ」と頼まれたため、私は悩んだ末、この話を引き受けた。案の定、車は売れ残ってしまったが、小佐野さんは約束通り、安値ではあったが買い取ってくれた。小佐野さんは、世間では色々なことを言われていたが、実際はこの通り約束を守るし、温厚で、信頼できる方だった。

とにかくこのクライスラーの一件で、私は小佐野さんと急速に親しくなった。多いときで週二回、小佐野さん経営の八重洲富士屋ホテルで会食し、様々なアドバイスを受けた。例えば次の通りである。

「一度買ったものは売ってはならない」

「いくら仲が良くても、共同経営はしてはならない。仲が悪くなってからではもう遅い。すでに権利が生じてしまっている」

共同経営への戒《いまし》めなどは、小佐野さんならではの〝箴言〟だ。世の中や人間に対する、深い洞察を感じさせるアドバイスだと思う。

小佐野さんはまた、色々な情報も教えてくれた。なにしろ小佐野さんのもとには、金融機関も建設会社も日参している。外国の取引先も来る。小佐野さんは彼らに頼まれたことを処理したり、口利きしてあげたりする。情報の交差点にいる人だから、その質も量も凄かった。

さらに小佐野さんは、私に様々な人を紹介してくれた。日本航空や全日空など、小佐野さんが大株主だった会社のパーティーに呼ばれ、各社の社長と引き合わせてくれたのだ。東急の五島昇さんの所へも、「紹介してやるよ」といわれて一緒に挨拶にうかがった。

こうして人脈が広がれば、仕事のチャンスもそれだけ広がる。現に私は、のちに買収したホテルのリフォームを、東急に頼んだ。一時のプラスでなく、長い目で見てプラスになることをしてくれたかどうか。それが、本当に可愛がってくれていることの証だと思う。

根本的な教えを授けてくださり、多くの人を紹介してくださった小佐野さんは、間違いなく私を可愛がってくれた。師匠だ。亡くなられてから三十数年も経ったが、私は今も小佐野賢治さんを尊敬している。

## ハワイに六つのホテルを持つ

昭和六十一年（一九八六）は私にとって思い出深い年だった。師匠小佐野さんの影響で手がけた、ハワイのホテルへの投資である。

いつものように一緒にランチを食べていると、小佐野さんは

「今日、うちのメーンバンクの三和銀行の国際部長と話したんだが、この先もっと円高にな

るぞ。ここは海外投資がいい。今度、ハワイのアラモアナ・ホテルが売り出されるらしいから、買っちゃえよ」

と言ってきた（この一言だけでも、小佐野さんの情報量の多さと鋭さがわかるだろう。毎回こんな調子でスリリングだったのだ）。

私はホテルのことなどわからなかったから、

「会長は買わないんですか？」

と答えた。すると小佐野さんは、

「俺はハワイに五千八百室分のホテルを持ってるから、独占禁止法の関係でこれ以上買えないんだよ。古参の支配人が力を持ってるから、そいつと直に話せばいい」

と言った。小佐野さんは終戦直後からホテル事業を始め、ハワイにもいくつものホテルを持つ「ホテル王」である。師匠が、その得意分野がらみで勧めるわけだから、パスする道理は無い。私はアラモアナ・ホテルを買うことを決意した。

信頼できる筋から最新情報が入れば、それに基づいて即断即決することだ。急いては事を仕損じることは多々あるが、売買や立場に関わることは、たいていの場合、早い方がいい。三越の岡田さんが解任されたのも、「竹久みちを切る」との発表を、即断しなかったためである。

私はハワイへ飛び、小佐野さんが話題にしていた支配人と交渉し、三回の話し合いを経て、アラモアナ・ホテルを百二十億円ぐらいで買った。それを小佐野さんに報告すると、

「あんなボロボロのままじゃダメだ。東急建設に頼んで改修しろよ」

と言う。私はこの助言にも従った。なるほど綺麗になり、高級感が増した。小佐野さんの指摘はいちいち当たっていたものだ。

これ以後ホテル経営に眼を開いた私は、やがて六つのホテルを所有するようになった。そのうち五つは小佐野さんの紹介だったが、一つだけ、違うものがある。それが、ハワイ屈指の名門ホテル・ハイアット・リージェンシー・ワイキキである。

別のホテルの交渉でハワイに行った折、私はハイアット売却の噂を耳にした。小佐野さんにそれを伝えると、

「さすがに名門のハイアットは売らないだろう」

と否定的だった。だがその後、ハワイにいるわが社の顧問弁護士が、「ハイアットのオーナーがハワイに来ている。売りに出すという話もある」との極秘情報をもたらしてきたのである。

私は早速ハワイへ渡り、オーナーと接触。身の上話やクライスラーの代理店をしている話なども交え、価格や条件を話し合った。すると、オーナーは

「アンタのことを気に入ったから、売ってやろう」

と快諾。およそ三百二十億円で、交渉が成立したのである。続けてホテル内のショッピングセンターも買ったので、総額では三百五十五億円だった。

ハイアットという名門ホテルの購入を、小佐野さんに報告すると、

「え！　ウソだろ!?　あの名門ホテルを買えるはずがない」

と驚いていた。小佐野さんほどの人物でも、ハワイの現場から離れていると、情報は限られてしまうのだ。

ホテル以外の仕事にも通じるが、迷ったら、現場の情報を優先すべきである。ただし、情報提供者に信頼性があることが大前提だ。当然のことだが、いくら現場の最新情報であっても、いい加減な人間が伝えてきたネタを妄信してはいけない。まず「信頼・信用」が先にあり、次に速さや多さや希少性が来るのである。

その他もろもろ、小佐野さんとは多くの時間を共有し、多くのことを教わった。最高・最強の経営者の薫陶を受けられたことは、私の人生の財産である。

面白いのは小佐野さんと師弟関係になるきっかけである。私は赤字覚悟でクライスラー代理店を引き受け、その結果、小佐野さんのフトコロに入れた。つまり、「損」から始まっているわけだ。

◉総額355億円で購入し、ホノルルの名門ホテルハイアット・リージェンシーワイキキホテルをはじめハワイでは5つのホテルを購入した。写真は、ハワイ大学の学生のために100万ドルを寄付した時の記念写真。

「損して得取れ」とはよく言ったもので、私ははじめ損したが、長い目で見たら得をした。それも、物凄い得をした。経営者にとって、「小佐野賢治によるマンツーマンのランチ教育を毎週受ける」こと以上の得が、一体いくつあるだろう。おそらくほとんど無いのではないか。

昭和六十一年秋、小佐野さんは永眠した。私が交遊したのは足掛け四年で、決して長い時間ではない。しかし私にとって、小佐野さんに師事したこの四年という歳月は、四十年にも値する、密度の濃い時間であった。冥界へ行ったら、また、小佐野さんの御指導を受けたいと思っている。

## 三井信託銀行社長の中島健の剛腕と組む

ところで、私がハワイで六つもホテルを持てたのも、銀行の後ろ盾があったからこそ成し得たことである。わけても三井信託銀行社長の中島健さんは、私と二人三脚のごとき関係だった。中島さんの存在なしには、私は〝バブルのチャンピオン〟になれなかったといってもいい。

中島さんとの出会いは、昭和六十年の春である。ある日、三井信託銀行渋谷支店の幹部が

わが社に来て、

「うちの副社長の中島が会いたいと申しておりますので、会社までご足労願えませんか」

と言ってきた。

中島健さんといえば、その後三井信託銀行の社長となる、剛腕の銀行マンだ。「三菱信託、住友信託に追いつけ追い越せ」という〝攻めの経営〟を展開する、銀行界の実力者である。

早速、三井信託の本店に伺うと、用件は「資金の面倒は見るから、麻布の土地を買わないか」ということだった。ただし、条件があり、「元はトヨタ所有の土地だから、日産には貸さないで欲しい」とのこと。中島さんは、私に興味を持っていたようで、私と日産の石原さんが親しいこともご存じのようだった。

その土地は、のちに〝バブルの塔〟との異名をとった私の「ジュールA」が建つ、麻布指折りの一等地だ。麻布に社を構える私は、

〈願ってもない話だ〉

と、この話を受けた。これは入札だったが、三井信託銀行のバックアップにより、坪二千万ちょっとで競り勝つことができた。

中島さんは、土地買収とセットのような形でこんな話も持ち掛けてきた。

「渡辺さん、全部で借金はいくらあるんだ」

「メーンバンクの協和銀行と横浜銀行で、それぞれ数十億ぐらいですが……」

「じゃあ、うちがそれ肩代わりしてやる。金利も半分にするから、うちをメーンバンクにしろ。うちとしては、麻布グループの新事業に積極的に融資したい」

そして実際に、二銀行への借金を、三井信託でほとんど肩代わりしてもらった。

これ以来、中島さんと私は一気に親しくなり、家族ぐるみで付き合うようになった。〝二人三脚〟の始まりである。

〝攻めの経営〟で知られるだけあって、中島さんは貸し出しに積極的だった。

「うちには二十七、八兆ある。金利は半分にしてやるから、どんどん投資しろ」

その頃は今と違って「貸し渋り」時代では無かったとはいえ、ここまで銀行が支援してくれたケースというのは、まず無かったと思う。信託銀行界の顔役が、そこまで私を信用し、期待してくれたわけである。

信用されるということは、経営者にとって最重要事項だといってよい。例えば事業計画が優れていても、その会社や経営者に信用が無ければ、金融機関は金を貸さない。逆に信用さえあれば、多少、甘い計画であったとしても、融資されるケースがある。技術以上に大切なものが、金では買えない信用であり、信頼なのだ。有力バンカーからこれだけ信用されたことは、私の生涯の誇りである。

ともあれ、中島さんが背中を押してくれたので、私も果敢に事業に取り組むことができた。港区をはじめ、手掛ける物件の数が激増し、買収のスピードも加速した。ハワイのホテルの買収資金も、ほとんどが三井信託の融資であった。

時あたかも一九八〇年代後半で、昭和が終わり、平成が始まる頃だった。昭和六十年、プラザ合意によって円高ドル安が進行。円高不況対策として、低金利政策が継続した。これにより、過剰資金が投機目的で株や不動産に集中し、日本経済は実態以上に膨張することになった。

## 資産六兆円、世界富豪番付で第六位

地価も株価も跳ね上がり、兜町では日銭一兆円が乱舞しているといわれた。土地所有者はそれを担保にまた土地を買い、銀行もジャンジャン金を貸した。ゴルフ会員権も高騰し、一方では主婦層までも「財テク」と称して株を始めた。夜の銀座に人が溢れ、帰りのタクシーを拾うのにも一苦労……伝説の〝バブル時代〟である。

私は中島さんと二人三脚で、このバブル時代を駆け抜けた。土地を買い、ホテルを買い、ゴルフ場を買った。なにしろ後ろ盾の三井信託銀行に、資金は三十兆円近くもある。大胆に、そして大規模に勝負ができた。

わが麻布グループのシンボルも建てた。先述の通り、二人がタッグを組むきっかけとなった〝思い出の土地〟に、地上十一階・地下四階の「ジュールA」を建てたのだ。別名・〝バブルの塔〟である。完成したのは中島さんの死後であったが、オープンの際には渡辺ミッチーさん、日産の石原さん、広岡達朗さん、小林旭さんら、各界を代表する方々が来てくれた。その数総勢六百人に達した。

私はバブルを代表する経営者として、多くのメディアに取り上げられるようになった。計一千億円近くかけ、ハワイで六つのホテルを所有。ハイアットを購入したときは、「日本の戦災孤児が高級ホテルを買った」といって、海外のメディアにも取り上げられたらしい。ハワイには、教育資金として二億円の寄付もした。

いくつか異名もつけられた。〝バブルのチャンピオン〟、〝第二の小佐野賢治〟……中でも有名なのが、〝バブル四天王〟というやつだろう。残る三人は、イ・アイ・イの高橋治則さん、秀和の小林茂さん、第一不動産の佐藤行雄さん。彼らとは事業仲間であり、個人的にも仲が良かった。

高橋ノリちゃんはよくわが社に遊びに来たし、秀和の小林さんともよく行き来した。小林さんは豪快な人で、銀座の店を二百万だかで貸し切って、ド派手なことをやったそうだ。第一不動産の佐藤さんは金融もやっていて、私もお義理で借りたことがある。

「絵画館のよう」と評された我が社の本社ビルには、三億円のピカソ、一億円のシャガールをはじめ、浮世絵三千点も二十億円で買い集めた。葛飾北斎や喜多川歌麿作品も多く集めた。

自宅の敷地は千坪もあった。戦後、住み込みの丁稚奉公から始まって、屋根裏や四畳半に住んでいた私が、テニスコートつきの大豪邸の主になったのだ。休日には娘の名を冠《かん》した二億円のクルーザーで海に出た。

資産はついに、「兆」の大台に届いた。世間は私の資産を「一兆円」と見ていたが、本当は六兆円ぐらいあったと思う。昭和二十八年の上京時、所持金は千二百円だった。三十数年の歳月を経て、それが九ケタ、数兆円にまで増えたのだ。どこかの雑誌が私のことを、「ナイナイ尽くしのスタート」と書いていたけれど、私は文字通り、何も無いところから、「兆」を超す資産を築いたのである。

平成二年七月は、私のジェットコースター人生の、てっぺんに達した月だった。米フォーブス誌の世界富豪番付で、「第六位」にランクされたのだ。丁稚奉公上がりの戦災孤児が、「世界で六番目のお金持ち」と認定されたのである。

〈お父さん、お母さん、とうとうここまで来たよ！〉

この知らせを受けたとき、私は心の中で、天国の両親に報告した。深川森下町で過ごした幼き日々。親元を離れて疎開に行った新潟での日々。東京大空襲で家族を失ったと知った日。丁稚奉公として駆けずり回った足利での日々。ホウキ片手に顧客を探し求めた江東区の日々。小さな会社を始めた麻布での日々……懐かしい思い出も、走馬灯のように脳裏に浮かんだ。あの頃、世界で六番目の金持ちになるなんて、想像もしなかった。やはり、両親の目に見えぬ力が働いているとしか思えなかった。

〈いやいや、でも、浮かれてはならない〉

モリハルの主人が戒めたではないか。「実るほど　頭をたれる　稲穂かな」と。世はバブルに浮かれている。私も世間からは、浮かれているように見えただろう。だが私自身は、そんな意識は無かった。モリハル主人の言葉も常に頭の片隅にあったし、ここまで資産が膨らんだのも、三井信託銀行の、つまり中島さんのお力添えがあってこそのことだ。しかも融資ということは、それだけ借金も増えることを意味する。

「一寸先は闇」という。少し先のことでも、どうなるかわからないというわけだ。「好事魔多し」ともいう。上手くいきそうなときは、とかく邪魔が入りやすいということだ。人はツイているときこそ危ない。順調にいっているときは、危険に気づかない。失敗して初めて、「ああ、あのときに……」と気づくのだ。

私は中島さんと二人三脚で、バブルの先頭を走った。横には何人かいたが、前を走る者はいなかった。喜び、感慨、誇り、不安、自戒……胸に様々な思いを抱えながら、私は走り続けた。

## 恩人、中島健の急逝とバブル経済の不安

平成二年（一九九〇）七月、私はアメリカのフォーブス誌に「世界第六位の富豪」と認定された。昭和三十一年夏、丁稚奉公上がりの戦災孤児が、麻布でちっぽけな会社を起業した。そこからわずか三十四年で、「世界で六番目のお金持ち」にまで上りつめたのである。

だが、一度頂点に上ったら、後は落ちていくしかない。この平成二年という年は、これまで上がる一方だったジェットコースターが、滑り落ち出す年でもあったのである。

新年早々、凶兆があった。一月に、メーンバンクの三井信託銀行社長・中島健さんが亡くなったのである。中島健さんは、私の強力な後ろ盾だったばかりでなく、最良の先輩であり、盟友でもあった。私がハワイにいくつもホテルを持てたのも、立派なゴルフ場をオープンできたのも、中島さんとの二人三脚の結果である。

中島さんは急逝だった。真冬のゴルフが原因だ。実は、私もそのとき一緒にコースを回っていた。以下はその一部始終である。

ゴルフに行く数日前、私はハワイのホテルにいた。中島さんからゴルフに誘われていたので、帰国する準備をしていた頃、三井信託銀行から国際電話がかかってきた。

受話器を取ると、女性行員が焦ったような調子でこう話す。

「いや、今度のゴルフのことなんですけども、今、日本は凄い寒いので……中島は持病がありますから、こんな寒いときにゴルフは毒ですから、渡辺社長のほうから中止にしてほしいと思いまして……」

その通りだと思った私は、中島さんに代わってもらった。

「ああ、社長、今度のゴルフ、みんな心配してるから、ちょっとやめときましょうよ。ゴルフなんていつでもできますから、暖かい日にあらためて行きましょうよ」

そう諭したが、中島さんはつっぱねた。

「ああ、そう。じゃあいいよ。喜太郎さん来ないなら別の人を誘うから」

中島さんにこう言われたら、行かないわけにはいかない。

〈大丈夫かな……〉

心配しながら日本に戻ってゴルフへ行くと、案の定、その日も寒かった。予想以上に寒かった。体がかじかむ。

当日のメンバーは、私と中島さんのほか、昭和電工の鈴木治雄名誉会長、日産の石原社長、クラリオンの小山田社長、山種証券の関社長、野村證券やトヨタの幹部ら八人で、二組に分かれてプレーした。みんな寒さで体が縮こまっている。

ハーフを回ったところで一休みした。中島さんのスコアは普段より良かった。プレー前に、

「今日は絶対いいスコアで回る」

と宣言していたが、有言実行だった。

だが、芝生の上の中島さんは好調だったが、ランチのときの中島さんは、いかにも調子が悪そうだった。いつもはアン肝を食べるのに、この日はほとんど食事に手をつけない。

私は不安になったので、中島さんに言った。

「社長、今日は寒いし、午後はやめときましょうよ。日をあらためてやりましょうよ」

しかし中島さんは、首を縦に振らなかった。年上の石原さんが食事を終え、コースに出ていく姿を見て、

「お年寄りが回るのに、自分が行かないわけにはいかないよ」

と言って、再びクラブを握ったのである。

十八ホールを終え、中島さんのスコアは、いつもよりだいぶ良い百二だった。クラブハウスの風呂に入った後、また少し酒を飲んだ。が、ゴルフは好調だった中島さんは、やはり体調が悪そうで、日頃のようには飲まない。

〈本当に大丈夫かな……〉

そう思って見ていたが、その日はそれで解散となった。

中島さんが自宅で、

「胸が痛い！　救急車を呼んでくれ！」

と大声で訴えたのはその翌日だった。

中島さんはただちに入院。その次の日、私のところへも、

「中島さんが心筋梗塞で入院した」

と連絡が来た。

一時は回復の兆しを見せていたが、それから二日後、容体は急変し、中島さんは帰らぬ人となってしまったのである――。

これまで折に触れ、私が得た〝教訓〟を述べてきたけれど、大事なことを忘れていた。「健康」だ。「信用」や「決断」の前に、健康がある。信用があっても、不健康では存分に力を発揮できない。命を失っては何もできない。

中島さんもそうであったが、熱心で、能力のある人ほど、健康を軽視する傾向がある。体調が悪ければ、躊躇せずに休むべきだ。健康を保って長生きすれば、必ずいいことがある。九十歳近くまで生きている、この私が保証する。

亡くなった直後、私は中島さんの家へ駆けつけた。読売新聞の渡辺恒雄さん、東急エージェンシーの前野徹社長も来て、三人でうなだれた。

そのとき渡辺恒雄さんが、印象的なことを言った。

「これからどんな世の中になるのかわからないけど、もしかすると、中島さんはいいときに亡くなったのかもしれないね」

バブル経済もそろそろ危うい状況に来ているのかもしれない――そういう社会の不安のようなものを、一言で言い表したセリフであった。

## 「小糸株買い占め事件」の真相を話そう

金融界の実力者だけに、中島さんの通夜・告別式には合わせて一万人近い参列者が集まった。私も当然顔を出したが、実はこのとき、私自身がマスコミからマークされていた。

なぜかといえば、いわゆる「小糸株買い占め事件」で、私は〝時の人〟となっていたからだ。私の最大の失敗談である、その事件の顛末について述べたい。

昭和六十三年（一九八八）夏、私は小糸製作所の女婿である、公認会計士と知り合った。小糸製作所というのは自動車部品会社で、トヨタの系列企業である。

で、その会計士は私に頼んできた。

「小糸株五百万株を肩代わりしてほしい。ウチは将来、完全にトヨタ系になりますから、トヨタからさらに役員を受け入れることになります。いずれトヨタが買い戻すから損はしません。……助けてくれませんか」

小糸製作所の経営は、小糸家、大嶽家、トヨタの三者によるトロイカ体制だった。私は

〈トヨタが買い戻すなら、助けてもいい〉

と思い、五百万株を百二十五億円で肩代わりした。

このとき私は「株で勝負する」という気などさらさら無く、経営権を取得するつもりも無い。あくまで「受け身」であった。頼まれたから引き受けて、安定株主になるつもりだったのである。

ところがその後、小糸製作所の役員を訪問した折、とんでもないことを聞かされる。

「実は、光進の小谷光浩氏が、ウチの株を二千万株も持っている。これをなんとか買い戻してほしいのですが……協力していただけますか?」

仕手集団「光進」の小谷氏といえば、「蛇の目ミシン恐喝事件」で知られる〝兜町の帝王〟である。そういう人物が小糸株を買い占めていると聞き、私は仰天した。

〈ちょっと、危ないものに手を出してしまったか〉

私は中島さんに相談した。困ったときに頼るのは、やはりメーンバンクである。

中島さんにいきさつを話すと、

「そうか、小谷氏か……。いいよ、ウチが出すから、小谷氏の持ってる株を全部買っちゃえよ」

と言う。それで私は小糸の経営陣が言う通り、小谷氏の所有していた二千万株をも買い取った。

後に引けなくなった私は、小糸株を買い進めたが、買い取ってもらう相手はトヨタしかいない。そもそも私が馴れない世界に深入りしたのも、

「いずれトヨタが買い戻してくれるから」

という言葉を信じたからである。

しかし、トヨタはなかなか買い取ろうとしない。色んな方に仲介を頼んだが、上手く行かない。

〈話が違う〉

と思ったが、とにかく大量の株式を、誰かに買い取ってもらわなければならない。第一、私は仕手筋ではないし、株でどうこうしようとする気は無いのだ。

ちなみにこのトヨタとの交渉に関し、

「渡辺喜太郎は安倍晋太郎を動かしてトヨタに働きかけた」

と書いている書物があるけれど、これは誤りである。私はこの件を含め、安倍晋太郎さんにものを頼んだことは一度も無い。

ただ、三井信託銀行の中島さんが、安倍さんに頼んでいた可能性は否定できない。中島さんは、私の紹介で安倍さんと知り合い、その後親しくなった経緯がある。そのあたりの人間関係がこんがらがり、「渡辺喜太郎が安倍晋太郎に……」との話になってしまったのかもしれない。いずれにしても、私が安倍晋太郎さんを動かしたという話は否定しておく。

話を戻す。トヨタとの交渉が難航しているとき、小糸の会計士からだったか、

「アメリカ人に買い取ってもらおう」

という話が出た。確かに、日本で引き取り手が見つからないなら、海外に目を向けるのも一案だ。そこでやむを得ず、米テキサスの石油王であり、株を買い占め高値で売りつける〝グリーンメーラー〟としても名高いブーン・ピケンズ氏と交渉することになったのである。

ピケンズ氏の件も中島さんに相談したが、

「うちのせがれが国際弁護士をやってるから、その線でやってみたらどうか」

と前向きだった。

正直、私は周囲に振り回されている感じがしないでもなかったが、誰かに株を買い取って

もらわねばならないため、ピケンズ氏との交渉に乗り出した。

私は〝グリーンメーラー〟に会うため渡米。ロサンゼルスの空港へ着くと、何とピケンズ氏は自家用ジェット機を用意していた。それに乗ってテキサスの飛行場までひとっ飛び。テキサスからは自家用プロペラ機に乗り、自宅近くの小さな飛行場に乗り付ける。広大な牧場のある邸宅に着くと、今度は数日間、乗馬やハンティングも込みの国賓待遇を受けた。さすが、こういうハッタリというか、演出には長けていると感じた。〝渡辺喜太郎バブル戦記・アメリカ編〟である。

ピケンズ氏は私に、

「小糸株の三十四%を取得すること」

という条件を出した。そのため私はさらに株を買い集め、実際に三十四%の株を取得した。きちんと条件を守ったのだ。

ところが、ピケンズ氏がこの株を売りつけようとした相手も、買い取りを拒否し続けているトヨタだったのである。

しかも同時期、ピケンズ氏はテキサス州の知事選出馬を模索していた。そのため当時の日米貿易摩擦の尻馬に乗り、「日本企業叩き」をすることで、地元での人気を高めようと画策。小糸製作所の株主総会に現れ、

「私はアンフェアな扱いを受けている」

などと訴えた
ピケンズ氏が騒いだことで、この一連の小糸株騒動が、一気にクローズアップされた。そのせいで、仕手戦などする気は無かったこの私が、一部メディアから、仕手扱いされる羽目になってしまったのである。

あまつさえ、ピケンズ氏は金を支払わず、買い取った小糸株を全て私の方へ戻してきた。こちらは「三十四％取得」という条件を守ったにもかかわらず。

私は結局、この「小糸株買い占め事件」で一千億円も損をした。

〈もう、株などに手は出すまい〉

と思った。全部が全部そうだとはいわないが、株の世界には騙し、ハッタリの部分がある。少なくとも私にはそう見える。私には合わない世界である。

聞けばピケンズ氏も、私のごとく腕一本で叩き上げ、波乱万丈の人生を歩んできた男だという。しかしその手法は、ずいぶん私とは違うと感じた。やはり私は、不器用ではあっても、

「今日は朝から現場に行って、一生懸命、汗を流したな」

と思うような生き方をしたい。勝った、負けたの博打のごとき世界は、私には向いていない。人それぞれに趣味、好みがあるように、仕事にも向き、不向きがある、自分の不向きだ

と判断したら、別の世界に目を向けることも、時に必要だろう。

## 「政府は地価を半分にする」バブルの崩壊が始まった

三井信託の中島さんは、平成二年（一九九〇）一月に急逝してしまったが、その翌月、わが社のシンボルとなる建物が完成した。

今も地下鉄麻布十番駅の上にそびえ立つ、「ジュールA」である。

この別称・〝バブルの塔〟は、既述の通り、中島さんの支援で買った土地に建てたものだ。完成披露パーティーには、たくさんの方々が来てくれたが、その中に国土庁事務次官・的場順三さんがいた。的場さんは元々大蔵官僚で、〝カミソリ後藤田〟こと後藤田正晴さんの側近としても知られる。のちに第一次安倍内閣で官房副長官も務めた、凄腕の行政マンだ。

私は的場さんが東京税関長を務めていた際、外車の陳情を通じて知り合った。その直後、行きつけの料理屋でばったり会い、そこから一気に懇意となった。今も親しくお付き合いしている。

で、その的場さんが、パーティーの帰り際、私に驚くべきことを耳打ちした。

「渡辺さん、政府は地価を半分にする方針だよ。不動産を早く処分した方がいいよ」

私は慌ててパーティー会場に戻り、残っていた銀行関係者にその話を伝えたが、誰も信じない。まさか、という反応だった。それが当然であろう。いきなり「半分にする」と言われても、にわかに信じられるものではない。

しかし、的場さんはいい加減なことを言う人ではないうえに、国土庁のトップだ。しかも大蔵省出身で、あらゆる経済情報に通じている。確証無しに、そんなことを言うはずがない。

〈…………〉

私は迷った。上半身と下半身が、別の動きをしているような感覚に駆られた。

それから間もなく、私は笹川尭さんの息子さんの結婚式に出席した。その際、偶然にも大蔵省出身の前建設相・野田毅さんと隣り合った。そこで、先日の的場さんの情報をぶつけたら、

「ああ、間違いない。本当の話だ。地価を半分に下げて、それから十年間で五％ずつ上げてって、景気をもう一回よくしていく方針なんだよ」

この結婚式の仲人は、私が最も親しい政治家である渡辺美智雄さんだったので、やはり的場情報について聞いてみた。すると、ミッチーは怒った。

「馬鹿野郎！　そんな無理して下げたら、世の中、大変なことになっちゃうよ！」

私は決心した。結婚式の後、手持ちの不動産を処分しようと動いた。が、もう手遅れだっ

た。「地価が下がる」との噂がすでに広まっており、大型不動産の取引は、止まってしまっていた。遅かったのだ。

先に私は、「信頼できる筋から最新情報が入れば、それに基づいて即断即決せよ」と述べた。実際、ハワイでホテル事業を展開できるようになったのは、小佐野さんの情報に基づいて、即座に動いたことがきっかけだ。

しかし今度は、即断即決できなかった。

浮かれてはならない、と自戒していたつもりであったが、無意識のうちに浮かれていて、甘く考えてしまったのだ。まさに「一寸先は闇」、「好事魔多し」であった。

的場さんの情報通り、政府は地価を下げにかかった。不動産向け融資を抑える総量規制を通達し、地価税も導入した。当然、土地の価格は急落し、わが麻布グループの経営も、みるみる悪化していったのである。

後ろ盾・中島健社長が逝去された後、メーンバンクの三井住友銀行との関係も、徐々に悪くなってきた。

平成三年末には、三井信託から役員五人、社員五人が送り込まれてくる。そのうちの一人・柴田敏海さんが社長になり、私は会長に祭り上げられてしまった。生え抜きの社員は、乗り込んできた役員たちを「五人組」と呼んでいた。昭和三十一年の創業以来、最大のピンチを迎えたのである。

## 貸しはがし、三井住友銀行と全面対決

私は手持ちの不動産を、可能な限り売却せず、地価が再上昇するまで待とうという考えだった。だが銀行サイドは、資産を処分して、その金を借金返済に充てると主張。日に日に対立は深まっていった。

平成五年（一九九三）になると、私と三井住友信託銀行は、全面対決の様相となった。狼煙《のろし》は一片の通知であった。私がハワイのホテルを視察中、議題の無い取締役会の開催通知が届いたのである。

〈ははん、三越の岡田さんのように、会長職から解任するつもりだな……〉

私は意図を察知した。連れの弁護士に相談したら、

「逆に、三井信託の役員を会社から追い出してしまおう」

などと強烈な戦略を主張した。

〈全身全霊を傾けてつくった会社を、簡単に処分されてたまるもんか。うちの会社は単なる金儲けの手段じゃない。思い出から何から、人生の全てがつまってるんだ〉

そう考えた私は、弁護士の意見に乗ることにした。まず株の増資を行って、そのうえで株主総会を開催し、銀行から来た役員を全て解任したのである。

私は元来、争いを好まない性格だから、全面対決となったことは残念だった。三井信託はメーンバンクだし、中島社長の時代には、一心同体のごとき関係だった。それが、中島さんの死去からわずか二、三年でこんなことになるとは。


三井信託銀行が、わが社の資産を処分しようとしたことは、金融機関として当然のことだと理解していた。だから私は、三井信託サイドと対立しても、悪口は言わなかったし裏切りもしなかった。あくまでルールと常識に基づいて、争ったのである。

それゆえ後年、三井信託サイドと和解することができた。数年前には、三井信託から出向してきた当時の社長・柴田さんに会うため、九州まで行った。

「柴田さんさ、うちの会社に乗り込んできたけどさ、うちに資産残す気、全然無かったでしょう？」

私が聞いたら、柴田さんはニヤッと笑っただけだった。

柴田さんも柴田さんなりに、自分の任務を全うしようとしたのだろう、と私は推測した。

一時期であれ、仕事の上では立場上対立したものの、個人的に何かあったわけではない。

三井信託から来た元役員のうち、今も何人かとは連絡をとっている。

いくら対立している相手でも、悪口や裏切り、謀略を仕掛けることは控えよう。和解の可能性を潰してしまうし、負の感情が膨らんでしまう。ちょっと悪く言うぐらいならよいけれど、裏切ったり、ワナにはめたりしてしまっては、もうマイナスしか残らない。仮に一時は上手くいっても、信用を失って、結局は損をする。私のようにその後和解して、楽しく昔話をする方が、人生は楽しいのである。

## 地獄への「二番底」

平成二年、大蔵省が金融機関に不動産向け融資を抑える通達を出した。何度か触れた「総量規制」だ。これで銀行から不動産屋への融資は止まってしまったが、総量規制の対象外とされたノンバンクがあった。それが住宅金融専門会社、略して「住専」である。

計八社あった住専は、元々個人向け住宅ローンを扱っていた。が、銀行も同じく個人向け住宅ローンに力を入れ出すと、不動産向け融資へと傾斜する。バブル期に融資を急速に増やした住専は、総量規制の対象外となったことで、さらに融資を膨らませた。わが麻布建物も、住専の融資を受けた。

だがバブル崩壊で、巨額の不良債権を抱えると、八社のうち七社が清算され、債権回収機関がつくられた。回収機関の名前等は何度か変遷するので省略するが、この債権回収の中心人物が、中坊公平弁護士である。

中坊氏らは当初、正義の味方のように見られていたが、実際は脅しまがいの強引な取り立てをしており、私も麻布建物担当の二人の弁護士から「回収の妨害をしたら告発する」と脅された。

わが社は住専の大口融資先だったので、最初から狙われていたのだろう。脅しの次は、物件の差し押さえをされ、さらには「贈与は認めない」との理由で家族の口座を差し押さえられた。回収した債権の額にも不自然なところがあり、私は中坊氏らを

〈ちょっとおかしいんじゃないか〉

と思うようになった。「正義の味方」等々、評判の良すぎる人物に対しては、ちょっと斜めに見た方がよいかもしれない。人間とはそう単純な存在では無く、長所も短所もある。どの部分に焦点を当てるかで、良くも悪くも評価は変わってくるものだ。

そして、平成九年（一九九七）六月、強制執行妨害等の容疑で、私は逮捕された。要するに、資産隠しを行ったというのである。

しかし、当時は物件を差し押さえられており、家賃も全て持っていかれてしまっていた。

それでは社員の給料が払えないから、弁護士が「別会社をつくって、そこに振り込んでもらおう」とアドバイスしてくれた。それが「強制執行妨害」だというのだ。私には、「悪いことをした」という意識は全く無かった。

逮捕された私は、小菅の東京拘置所に護送された。裸にされ、尻の穴まで見られ、独房に連れていかれた。つい七、八年前、「世界で六番目の金持ち」「バブルのチャンピオン」などともてはやされ、雲の上にのぼった私が、一転して奈落の底へ突き落されたのである。

翌日からは連日の取り調べだ。朝から夕方まで、夕食を挟んで午後六時から九時まで。弁護士から「認めるものは認めて、早く終わった方がよい」と助言されていたので、私は取調官の筋書きに逆らわなかった。ただ、私の顧問弁護士二人の名前を出して、「この二人のうち一人を逮捕したら終わりにするから、どちらかを選べ」などと無茶なことを言われたときは、「勘弁してください」と断った。そんなこと、「容疑者」の私が選ぶ資格も権利も無いだろう。逮捕翌年の平成十年（一九九八）三月、一審判決が出た。懲役二年の実刑判決だった。

〈え！　実刑!?〉

私は驚いた。執行猶予がつくと思っていたからだ。直ちに控訴したのち、三井信託銀行との和解交渉を進め、成立させた。また、懇意にしていた財界人らの方々が、減刑嘆願書を提出してくれた。それらも影響したようで、平成十年十二月の二審では、四年の執行猶予がついた。これでようやく自由の身になれたのだが、嘆願書に協力してくれた方々に対しては、この場であらためてお礼を申し上げたい。この時期、良くないことが続いたが、私に味方してくれる人がたくさんいたことは、心の支えとなった。深く感謝致します。

天国から地獄へと、ジェットコースターのごとく乱高下した私だが、これで終わりでは無かった。「二番底」があったのである――。

〝ドンドンドン！〟

平成十三年（二〇〇一）五月半ばの早朝、私のマンションの部屋のドアを、激しく叩く音が聞こえた。私はまだ布団の中。時計を見ると、まだ五時頃である。怖くなった私は即座に110番した。

「早く来てください、うちのドアが今にも破られそうなんです！」

と頼んだ。ところが外からは、

「警察だ！　ドアを開けろ！」

との声が聞こえてくるではないか。驚いてドアを開けると、

「警視庁の捜査四課だ。渡辺喜太郎だな。礼状が出てるので逮捕する」

と言われ、その場で手錠をかけられ連行された。私は警察が来たとは知らず、110番通

報していたのである。

罪状は、一回目の逮捕と同じ「強制執行妨害等」だった。私には、これっぽっちも身に覚えが無かった。弁護士に聞くと、どうやら「反社」がらみだったらしい。

当時、麻布自動車の顧客から、産廃処理場に関する投資話が持ち掛けられていた。そんな折、知人の御子息の告別式が、たまたまその処理場の近くで行われることになった。私は

〈近くだから、終わった後に寄ってみよう〉

と思い立ち、葬儀の帰りにその産廃処理場を視察してみた。その結果、よい施設だと判断したので、投資することにしたのである。

その投資話を持ち込んできた顧客とは、ありていに言えばヤクザの親分であった。ただ、それまでトラブルは無かったし、お得意先でもあったので、私は話に乗ったのである。むろん、脇が甘かったといわれれば、一言も無い。

とにかく私はその産廃施設に投資価値を見いだし、金融会社経由で二億円を融資した。ところが、その産廃処理場は、間もなく小切手等の不渡りを出し、倒産状態になったのである。

警察によれば、不渡りを出した前後に私を含む七人の会合が開かれ、その場で架空の仮登記を決定したのだという。それで、共謀したとする私やヤクザの親分ら七人が、逮捕されることになったのである。

確かに仮登記は行われていた。しかし、私は、この「会合」なるものに、出席していないのだ。だから、たとえその会合が開かれたことが本当だとしても、私とは無関係のところで開催されたものだ。つまり、全くの濡れ衣である。

私の右腕の見方は、

「警察の狙いはヤクザの親分の逮捕。三十数年ぶりに大組織の親分を逮捕した時点で、目的は達していた。後は事件を完結させるために、単に金融業者を通じて金を出しただけの渡辺会長を利用した」

というものだが、なるほど私を逮捕した捜査四課は、マル暴担当であった。

取り調べは過酷だった。あらかじめ用意してある供述書を目の前に置き、

「他の六人は、お前も会合に出ていたと認めている。お前も早く認めろ！」

と攻め立てられた。怒鳴られたり、椅子を蹴られたり、床に正座させられたり、壁と向い合せで長時間立たされたりした。

私は否認し続けたが、取調官の筋書きのまま起訴されてしまい、懲役二年・執行猶予五年の判決を受けた。そもそも私は問題の会合に出ていないうえ、産廃処理場に投資した二億円も、回収できなかったのだ。むしろ被害者なのである。それなのに、有罪判決を受けた。

あまりにも悔しいので最高裁まで戦ったが、判決は覆らなかった。だが私は、反社会的組

織と組んで資産隠しを行ったことなど一度も無い。そんな、天国の両親に見せられないような振る舞いは、絶対にしていない。

ただし、二度も逮捕されてしまったのは事実で、家族に申し訳ないと思っている。一家の大黒柱が捕まることはショックだろうし、世間体も悪い。私の知らないところで、つらい思いをしたことも多々あったであろう。実態はどうあれ、逮捕されたこと自体について、家族にはすまない気持ちでいっぱいである。

余談だが、裁判の過程で、弁護士というのは千差万別だと感じた。詳しいことは控えるが、元検事の〝ヤメ検〟弁護士が、「事件に強い」とは限らないのだと知った。

十年ぐらい前、私が主催していたセミナーを通じてホリエモンこと堀江貴文さんと話したとき、彼も言っていた。

「検察上がりの弁護士を頼んだら、絶対に無罪をとれないですよ」

堀江さんも、塀の中に落ちた経験があるから、色々な思いがあったのだろう。

## 大銀行は身ぐるみをはがす

バブル崩壊後、私はわが麻布グループの会社整理に追われた。その間、二回も逮捕され、有罪判決を受けた。執行猶予が終わるまでの数年間も、取引を拒否されるなど、だいぶ動きを封じられた。何だかんだで平成時代のほとんどは、後片付けに追われた気がする。

昭和の時代、私はひたすら走り続けた。ただ前を見て、全力で走った。元々戦災孤児だから、失うものは無い。振り返らず、横も見ず、常に前を見て、一生懸命走った。そして気づいたら、前には誰もいなくなっていた。私は先頭に立ったのだ。昭和も終わる頃だった。

平成に入っても、私はさらに走り続けた。何と世界中を探しても、前には五人くらいしかいなくなっていた。丁稚奉公上がりのこの私が、世界で六番目の富豪になったのである。

ところがバブルがはじけた途端、私は一気に転がり落ちた。資産は激減し、取り上げられ、逮捕もされた。「栄枯盛衰は世の習い」との格言が、私ほど身に染みる者もいないだろう。

会社整理に関しては、セコムの飯田亮さんにお世話になった。飯田さんとは逗子マリーナのオープンで知り合った、船仲間である。

「こんな治安のいい国なのに、なぜ警備会社なの？」

「ハハハ」

確か初対面で、こんな話をした記憶がある。初めから、ウマが合ったのだ。しかし、昭和三十年代から警備に目を付けていた飯田さんの先見の明には、ただただ驚くばかりである。あの当時、治安意識を持っていた日本人は、警察などを除けばほとんどいなかったと思う。

ともあれ、そういう個人的な関係もあり、飯田さんはわが社の整理にあたって力を貸してくれた。創業の地などを残せたことで、私も面目は立った。欲を言い出せば切りがないけれど、バブルが崩壊しても逮捕されても、前と変わらず仲間として付き合ってくれた飯田さんには感謝している。やはり、趣味でつながった友情は、ビジネスでつながった友情より、強くて深いのである。趣味の仲間が増えれば増えるほど、人生は豊かになっていくと思う。

会社整理の過程で、住友不動産の安藤太郎さんから興味深い話を聞いた。安藤さんといえば、住友銀行の副頭取を経て、住友不動産の会長になった〝住友グループの顔〟だ。私は安藤さんの所へ月二回ぐらい顔を出していたのだが、あるときこんな話をしてくれたのである。

「大銀行をメーンバンクにしない方がいいよ。大きい銀行はカネ使え、使えっていうわりには、いざっていうとき冷たいよ。それに大銀行は頭取が代われば、前の頭取が可愛がっていた融資先に厳しくすることがある。だから大手からはあまり借りない方がいい」

大銀行・住友銀行の幹部だった安藤さんならではの名言である。私はこの教えを守り、今は大銀行をメーンバンクにしていない。

ちなみに安藤さんはこのとき九十六歳と半年で、いつでも辞められるようにと応接間を整理していた。その後百歳で大往生。もしかしたら銀行の話は、私への遺言だったのかもしれない。

# 第五章

# 政治家の暗躍と器

## 安倍晋三が受け取った父晋太郎の総裁選軍資金

令和四年の参議院選挙のさなか、元首相安倍晋三さんが亡くなった。演説中に背後から銃撃されるという、衝撃的な最期であった。

安倍晋三さんは日本の憲政史上、最も長く首相を務めた政治家である。現役時代の田中角栄さんのように、世間の評価が大きく分かれる政治家でもあった。「岩盤支持層」といわれる熱烈な支持者がいる一方で、批判的な立場をとる人々も多かった。長く最高権力者の座にいると、そのぶん様々な評価が出てくるものなのだろう。

私個人は、安倍さんは外交面ではよくやってくれた方だと思う。

トランプ前米大統領やインドのモディ首相とはとてもいい仲だったし、ジョンソン元英首相やドイツのメルケル前首相とも親しくしていた。あのロシアのプーチン大統領とも、上手に付き合っていたようだ。これだけ世界の首脳たちと懇意にしていた政治家は、最近の日本では安倍晋三さんしかいない。

安倍さんは以前、私の娘の結婚式に、奥様の昭恵さんと共に出席してくれたことがある。

ただ私自身は、安倍晋三さんと個人的な付き合いは無かった。しかし、父である元外相・安倍晋太郎さんとは親しくさせて頂いたので、その関係で安倍晋三さんとも接点を持ったことがある。その話をまず述べたい。

今から三十年以上前の昭和六十二年、中曽根康弘首相の後釜を決める総裁選が行われた。候補は安倍晋太郎さんと竹下登さん、宮沢喜一さん。〝ニューリーダー〟と呼ばれた三人組だった。数に勝る竹下さんを、安倍さんが僅差で追い、宮沢さんがそれに続く、というのが当時の玄人筋の見立てであった。

三人の中で、私が直接知っていたのは安倍さんと竹下さんである。

竹下さんとはこの総裁選びのだいぶ前、中古自動車業界の件で少しお世話になった。昭和四十四年、私ども中古自動車業者はアメリカへ飛び、オートオークション大会を視察した。そして大会の盛大さと、中古車業の地位の高さに驚いた。そこで、

「日本でも中古車産業をもっと盛り上げよう」

という話になり、昭和四十六年に日本中古自動車販売協会連合会を発足させた。その議員連盟の会長に、竹下さんが就任してくれたのである。

そのとき竹下さんは四十七歳で、佐藤栄作内閣の官房長官を務めていた。「佐藤栄作の秘

蔵っ子」といわれ、若手のホープだった。見かけによらずなかなか野心家だったようで、

「今じゃ佐藤で沖縄返還　十年経ったら竹下さん」

などとズンドコ節の替え歌を自作し、「将来の総理」とアピールしていたらしい。しかしその人柄は気配りに長け、偉ぶらず、腰が低かった。

〈国会議員らしくない人だな〉

と思ったものだ。

というわけで、私は竹下さんも知っていたのだが、やはり親しいのは安倍さんだった。安倍さんとの「なれそめ」は、同じ派閥の森喜朗さんの紹介である。はじめからウマが合い、会えば会うほど親しくなった。私は人と人とをつなぐのが大好きなのだが、安倍さんにも色んな人を紹介した。すると、その人たちも、みんな安倍さんのことが好きになり、仲良くなった。安倍晋太郎という政治家は、人を惹きつける魅力を持っていたのである。

三人のうち二人知っていて、一人とは特に親しい——私はこの総裁レースを、テレビの向こうでなく、場内の最前列にいるような気分で見ていた。

そんな折、三井信託銀行社長の中島健さんから私に電話がかかってきた。中島さんもまた安倍さんと親しい。

「ちょっと、すまないんだけど、安倍さん総裁選で大変だから、ちょっと一本出してあげて

よ」

一本――。私は一千万円かと思った。

が、違った。

「一本って、一千万円ですか？」

「いや、大きく一本。大きい方で」

大きく一本――。つまり、一億円である。その頃日本はバブル景気真っただ中で、私の会社も順風満帆だった。だが、一億円もの大金は、おいそれと出せる額ではない。

「う～ん……大きい方ですか……」

私は躊躇していたが、中島さんは熱心だった。

「まあ、ちょっと大変だとは思うけど、頼むよ。後で何とかするからさ」

実は、中島さんと安倍さんとを引き合わせたのは私で、同じ大正十三年生まれということで、お二人はすぐに仲良くなった。その後、「大正十三年会」だか何だかをつくったほどだ。私ももちろん安倍さんと近しいし、「ぜひ、総理大臣になってほしい」と思っていた。だが、私も経営者である。

いくら親しくしていても、そう簡単に一億円など出せない。

「頼むよ。後で何とかするから、辻褄はいつかちゃんと合わせるからさ」

私は人からモノを頼まれると、イヤとは言えない性格である。このときも結局、一億円を出した。

〈こんなに出して、何か見返りはあるのだろうか〉

正直そう思ったが、

〈でもまあ、安倍さんに首相になってほしいし、見返りを期待しないで動くことがあるのも人生だろう〉

と、思い直した。考えてみれば、これまでだってリターンを求めない「投資」は何度もあった。

で、現金で一億円を用意していたら、安倍さんの秘書が会社まで取りに来た。

その人こそ、安倍晋三さんだった。

まだ三十を少し回った頃で、サラリーマンから秘書に転じて数年しか経っていない時期である。

「いや、このたびは、誠にありがとうございます……」

安倍晋三さんは丁重に礼を述べ、〝大きい一本〟を受け取って帰った。

むろんこのころは、この人が八年以上も首相を務めることになるなんて、思ってもみなかった。

## 竹下登に総理の座を譲った器量

〈さて、「安倍晋太郎総理」は誕生するかな……?〉

たいそうな額を献金したため、私は総裁レースを最前列どころか特等席で見物している気分になった。しかし残念ながら、私は〝馬券〟を外してしまった。安倍さんは勝ち馬になれなかったのだ。竹下さんが勝利の栄冠をつかんだのである。

この総裁ダービーは公選ではなく、話し合いでレースが進んだ。候補者である安倍さん、竹下さん、宮沢さんの三人が、連日、膝を突き合わせて会談した。だが結論は出ず、総裁一任という形になり、総裁の中曽根さんが竹下さんを指名したのである。

公選が無かったといっても、権力闘争が無かったわけではない。水面下では激しい工作がなされていたようで、総裁選史に残る心理戦だったという人もいる。私が出した一億円も、その一環として使われたのだろう。でも結果として、〝外れ馬券〟に終わってしまったということだ。

総裁選の後に安倍さんと会ったら、

「いやぁ、竹下に譲ったよ」

と言っていた。続けて
「今回は一歩降りて、竹下に譲ったから、次は自分がなるよ」

と話し、前向きだった。内心悔しい思いをしていただろうが、ネチネチ愚痴を言わないところは安倍さんの魅力の一つである。

とはいえ、政治家は戦うべき時には戦わないと、なれるものにもなれない場合があるだろう。事実、安倍さんは総理になれず、闘病生活の末亡くなってしまった。

私は経営者として、手に入れたいと思ったものは、必ず手に入れようとした。事実、その多くは手に入れられた。やり方の上手い下手ではなく、「欲しい」という気持ちを強く持っていたからだ。五十年もかけて、やっと手に入れたものさえある。

政治家と経営者とでは単純に比較できないかもしれない。だがやはり、本当に欲しいと思ったものは、決して人に譲ったりせず、全力で取りにいくべきだ。総理になれぬまま逝った安倍晋太郎さんの運命を考えると、その思いを一層強くする。

ちなみに「後で何とかするから」という三井信託銀行の中島さんとの約束であるが、確かに「何とか」してくれた。

金利をだいぶ負けてくれたのだ。一億円分かどうかは別にして、一応は辻褄を合わせてくれたわけである。

## 総裁ダービーで森喜朗が言ってきたこと

ところで、私はもう一件、この総裁選に当事者として関わっていた。献金ではなく、〝坂本龍馬役〟としてである。

総裁ダービーが始まる前、森喜朗さんからこう頼まれた。

「実はうちの安倍晋太郎と、中曽根派幹部の渡辺美智雄さんは腹を割って話したことが無い。ミッチーさんと疎遠なのは、安倍にとってよくないから、ミッチーさんとも親しいあんたが間に入って、二人を会わせてやってよ」

人と人とを仲良くさせる。まさに、私の得意とするところである。私は早速、栃木県にいた渡辺さんに連絡した。すると渡辺ミッチーは言った。

「いや、会うのはいいんだけど、新聞記者がウロウロしてるから、二人だけというのは難しいんじゃないの？　バレたらまた何か勘繰られるし」

そこで私は一計を案じた。

都内の某ホテルに行くと見せかけて、裏から抜けて近くの某料亭で密会させる――というものだ。〝渡辺喜太郎流・スパイ大作戦〟である。

二人とも、この作戦に乗った。

まず安倍さんが、一足先に料亭へと入る。これはすんなりいったのだが、難儀なのは渡辺さんの方だった。なにしろ栃木県にいるからだ。

ミッチーさんは新幹線で上京し、東京駅へと着いた。速攻でタクシーを拾い、ホテルに到着。そこで私が待っていた。

私は周囲の目を気にしながら渡辺さんを誘導し、ホテルの裏口を抜け、安倍さんの待つ料亭へと案内した。作戦の前段は成功だ。しかし、二人が意気投合しなければ、完全に成功とはいえない。

私は森喜朗さんと共に、横の部屋で待っていた。約二時間後、サシで話し合った二人が笑顔で部屋から出てきた。安倍さんが近寄ってきて、

「ありがとう。おかげ様でミッチャンに理解をもらったよ」

と感謝してくれた。〝渡辺喜太郎流・スパイ大作戦〟は成功したのである。

もっとも安倍さんは総裁になれなかったから、「大成功」とはいえなかったのかもしれないが……。それでも安倍さんは、総裁選での私の尽力に感謝をしてくれたのであろう、亡くなるまでの数年間、毎月私を四谷の料亭に招き、食事を共にしてくれた。本当に義理堅い政治家であった。

## 義理と人情の安倍晋太郎外相

安倍晋太郎さんが外相のとき、共に「フランス旅行」をした話にも触れよう。当時、私は外車販売を通じて知り合った、三越の岡田茂社長と親しくしていた。社長を解任された際、「なぜだ」と叫んだことで有名な、あの岡田茂さんである。

ある日、岡田さんが、

「ミッションがあるから、一緒にフランスへ行こう」

と誘ってきた。三越、三井物産、三井銀行など三井グループが、使節団を結成し、フランス製品を買い付けに行くとのこと。私もそれに参加しないかというわけだ。

このミッションは、外務大臣だった安倍さんが、日仏交流の一環として呼び掛けたものだった。安倍さんと、ミッテラン仏大統領がそれぞれ主催する、二夜連続の晩さん会まで予定されているという。気心の知れた岡田さんの誘いだし、安倍さんも来る。おフランスにも行ける……私は喜んで参加した。

実は三越は、フランス製品を買うといっても、何を買うか決めていなかったらしい。そこで私の出番となり、岡田さんは

「三越の名前で車を買ってよ」

と頼んできた。私は「シトロエン2CV」という車を百台購入。独創的かつユーモラスな設計の、フランスを代表する小型大衆車である。

そして我々は、安倍外相主催の晩さん会に出席し、続いてミッテラン大統領主催の晩さん会にも出席した。どちらだったか記憶がこんがらがっているのだが、とにかくいずれかの晩さん会で、岡田さんを安倍さんに紹介した。

「こちら、三越の岡田社長です……」

すると、岡田さんは目を丸くして、

「渡辺君は偉い人と知り合いなんだね……」

と感激していた。安倍さんの方も上機嫌で、私が

「いや、今回車を買いまして」

と言うと、

「あ、そう、何台買ったの？」

と聞いてくる。

「百台ちょうどです」

と答えると、

「百台か……もう百台買ってくれない？　日仏交流のためにさ。こういう機会って結構大事なんだよ」

　と頼んできた。

「え、もう百台ですか？　う～ん……」

　総裁選の時の一億円ほどではないけれど、私はいささか躊躇した。販売リスクをかぶるのは、わが麻布自動車だからだ。迷っていると、大物政治家と知り合えてご機嫌の、岡田さんがけしかけてきた。

「いや、大丈夫だよ、責任はウチが持つよ。だから買っちゃえよ」

　頼まれたらイヤと言えない私。今も右腕から「人が好すぎる」と諌《いさ》められる私。結局このときも、二百台買うことに決めた。

　ただこの時は、しっかり「見返り」も求めた。東京で開く予定のシトロエン販売記念式典への出席を、安倍外相に約束してもらったのである。

　外務大臣といえば、「政敵は外相にして殺せ」という政界用語があるくらい、多忙極まりない激務である。実際、その後安倍さんは体調を崩したし、渡辺美智雄さんが体を壊したのも外相時代だ。

　そんな忙しい身にもかかわらず、安倍さんは約束通り式典に来てくれた。外相が一企業の式典に参加する——大変異例のことなので、岡田さんはまたも大感激。私も鼻が高かったものである。

この「シトロエン車二百台購入」を機に、わが社と三越との関係はさらに深まった。三越の販売網により、シトロエンは短期間で無事完売。だがそんなことよりも、もっと大きな無形の財産を得ることができた。「天下の三越」の提携企業ということで、麻布自動車の知名度も格も上がっていったのである。

安倍さんと岡田さんは人脈を広げ、私もステイタスを上げることができた。安倍晋太郎さんとの「フランス旅行」は、みんなが得をした「三方良し」の旅であった。

そもそも私と政治家との付き合いは、大阪の中古自動車会社の社長から、中山正暉さんを紹介してもらったことに始まる。

中山さんは女性初の大臣として知られた中山マサ元厚相の息子で、郵政大臣や建設大臣を歴任した政治家だ。中川一郎さんや石原慎太郎さん、〝ハマコー〟こと浜田幸一さんらと共に、自民党のタカ派グループ「青嵐会」のメンバーでもあった。

中山さんと私は妙に気が合って、一緒に銀座に飲みに行ったり、ハワイに行ったり、家族ぐるみで親しくした。共に「防衛問題」に取り組んだこともある。

中山さんが自民党の国民運動本部長だった昭和六十年頃の話だ。

「渡辺さんが持ってる三宅島の別荘、あれをちょっと貸してくんない？　自民党で使いたいんだけど」

と相談を受けた。

当時、神奈川県の厚木基地において、米海軍機の夜間飛行訓練が実施されていた。それに対し、周辺住民から騒音被害の苦情が相次いだらしい。加えて米軍からも、「厚木では十分な訓練ができない」との要望があった。そこで、代替施設として、三宅島がクローズアップされているというのである。

「予算もたっぷり用意してあるし、漁協にも金を出せる。それに、三宅島空港の滑走路が伸びれば、ジェット機も使えるようになるし、観光客も来やすくなる。そうなれば三宅島の方だって潤うでしょ。地元にも色々説明したいと思っていた時に、ちょうど渡辺さんの別荘を思い出したんだよ」

そこで私は中山さんや、自民党政調会長の藤尾正行さんらと連れ立って、飛行機で三宅島へと飛んだ。中山さんらは一週間かけて住民に説明して回ったが、私も横で聞いていて、〈この計画が上手くいけば、三宅島はもっといい島になるな。長い滑走路ができれば観光客が増えるし、新たな仕事も雇用も増える。別荘を持っていてよかった〉

と思っていた。

ところが、計画は潰れてしまう。基地予定地の宿命か、地元民による反対運動が起きたのである。代替飛行場誘致の意見書を、三宅村議会が強行採決したことも、反対派の神経を逆なでしたらしい。数百民の島民による座り込みまで始まり、事態は収拾がつかなくなっていった。その後火山の噴火もあり、三宅島への基地移転計画は、完全に消えてしまったのである。

沖縄を筆頭に、今も日本各地で基地問題が起きている。どの意見も一理あり、なかなか正解は見当たらない。

三宅島で反対運動を繰り広げた方々も、それぞれ立場があったのだろう。基地の是非には立ち入らないが、中山さんたちは「上から目線」でなく、島民目線で代替計画を説明していたことは確かである。

計画が幻となってから、私は三宅島を訪れた。気のせいか、島全体が寒々とした雰囲気だった。

〈もし、あの代替計画が実行され、長い滑走路ができていたら、今頃この島はもっと人が溢れていたのではないか〉

正直、そう思ったのも事実である。

## 剛力、渡辺美智雄新蔵相への献金

中山正暉さんはまた、私に何人かの政治家を紹介してくれた。その中に二人、誰もが知る大物がいる。そのうちの一人こそ、これまでも何度か名前を出した、渡辺美智雄さんである。昭和五十五年（一九八〇）、鈴木善幸内閣が発足した。まさにその日、中山さんと一緒にいた私は、

「どう？　今度大蔵大臣になったミッチーさんに、今から会ってみる？」

と誘われた。

中山さんと渡辺さんは、同じ青嵐会の仲間だ。渡辺さんが少し先輩にあたる。中山さんは気軽に私を連れて行き、まだモーニング姿の新蔵相を紹介した。

「こちら、自動車を手広く扱ってる、麻布自動車っていう会社の社長の渡辺さん」

「ああ、そう、私も渡辺と言います。こちらこそよろしく」

丸い顔に丸い体。いかにも愛嬌のあるミッチーは、あれで実に頭が切れた。

元々税理士だから数字に強く、行商もやっていたからナマの経済もよく知っている。で、あの栃木弁で経済の仕組みや現状なんかを比喩を交えて説明する。それがまた面白く、わか

りやすく、勉強になる。

田中角栄さんも数字に強く、〝コンピューター付きブルドーザー〟と呼ばれたが、渡辺さんはそれをもじって〝コンピューター付き行商人〟と呼ばれていた。言い得て妙の評である。

渡辺さんとの思い出は尽きないが、ちょっと生臭い話から始めてみよう。

私は毎年ミッチーさんへ、盆暮れに二千万円ずつ献金していた。毎度、私自身が運んでいたのだが、あるとき驚くような場面に出くわした。

私が現金で二千万円渡すや否や、渡辺さんは秘書を呼び、

「ここに二千万円ある。これを二百万円入りの袋五つ、百万円入りの袋を十に分けろ」

と命じたのだ。私は意味がわからなかったので、

「大臣、これ、どうするんですか?」

と質問した。すると渡辺大臣は、

「いや、役人への小遣いだよ。彼らは政治家みたいに企業からはもらえないから、俺たちがあげるんだよ」

と、平然と語ったのである。田中角栄さんも、役人に金を配っていたらしいが、昔の大物政治家は、役人に金をやるのも「仕事」だったのだろうか。

とにかく私が出した二千万円は、計十五人の官僚たちのフトコロへと流れていった。ちな

みに金を仕分けしていた秘書は、のちにミッチーさんの後を継ぎ、国会議員となり大臣となった長男の渡辺喜美さんである。

　この小遣いも力の源泉の一つだったのか、渡辺さんは役所に対し、物凄い力を持っていた。特に、大臣を務めた大蔵省への影響は、計り知れないものがあった。その一端を明かそう。

　私の知人に、上場を強く望んでいた社長がいた。彼は何度も証券取引所に申請したが、その都度門前払いされ、丸七年も待たされたままだった。そこで私に
「証券取引所がなかなか取り合ってくれない。どうしたものか」

と相談してきた。私はミッチーさんのことを頭に浮かべ、

「ちょっと値が張るけど、一億円くらい献金できる？」

と聞いてみた。すると社長は
「一億円か……高いけど、まあ大丈夫だ」

と言う。それを受け、私は
「じゃあ、渡辺美智雄さんに頼んでみよう」

と提案。二人で渡辺さんの所へ行った。

　一通り説明を聞いたミッチーは、すぐさま大蔵省の証券局長へ電話して、

「あのさあ、○○っていう会社、俺の後援者なんだけど、いい会社なんだよ」

とだけ言って受話器を置いた。「上場をよろしく」なんて露骨なことは言わない。政治家と官僚の、あうんの呼吸である。

その夜、この社長と飲んでいたら、早くも連絡が入った。

「上場が決まったので、証券取引所が資料を取りに来る」

七年も待たされた懸案が、ミッチーの電話一本で解決したのである。

私自身も、この〝伝家の宝刀・ミッチー〟を抜かせてもらったことがある。

ある年、うちの会社に税務署が来た。別にやましいことは無いのだが、社内に部屋をとり、根掘り葉掘り突っついてくる。一週間くらい経ってもまだ帰らない。

〈これじゃ仕事に支障が出かねないから、渡辺美智雄さんにお願いしてみよう〉

私はそう考え、渡辺さんに頼みに行った。

「何？　一週間経ってもまだ帰らないのか？」

「ええ、まだやってます」

ミッチーさんはすかさず大蔵省の局長へ電話し、

「ああ、衆議院の渡辺美智雄だけど」

と言ってすぐ切った。すると、大蔵省から間を置かず折り返しの電話が来る。そこへミッチーが、

「あのねえ、そろそろいいんじゃないの？　麻布自動車は」

と一太刀。私が会社へ戻ってみると、税務署員は
「あ、ちょっと陳情がありましたから、もう引き上げます」

なんて言って、総引き上げとなったのである。

ここでちょっと、私が体験した政治献金と税務署の話を付け加えたい。渡辺ミッチーさんの話題からは離れるが、全く無関係ではないからだ。

私が経営していた「麻布建物」は、毎年、かなりの額の使途不明金を計上していた。十年で、しめて約三十億円。

「なぜそんなに……」

と思われる方もいるだろう。実は、その中身というのは、全て政治家への献金だったのだ。むろん、公表されないカネ。当時はわが社だけでなく、各企業が当然のごとく裏献金を行っていたのである。

当初は経理上、「仮払い」という名目で出していたのだが、あるとき税務署につつかれた。

「この仮払い……ずいぶんありますけど何なんですか？」

「あ、これね……いや、実は、政治家の先生方に寄付したんですよ。私も色々と付き合いがあるもんで……」

恐いもの見たさなのか、税務署員は畳みかけてくる。

「……誰に払ったんですか？」

「いや、それはちょっと……申し上げることができません。私と先生方との信頼関係もありますから……」

ここらが引き時だと判断したのか、税務署員は方向を少し変えてきた。

「……そうですか。じゃ、使途不明金ということにしてくださいよ。仮払いっていっても、返ってくることはないんですよね？」

そういうわけで、うちの経理部と税務署が話し合い、「使途不明金」という名目で処理することになったのである。

こういうカネの場合、誰にいくら支払ったのかをきちんと申告すれば、税金は五十％で済む。だが、使途不明金ということになると、百％、税金がかかってしまうのだ。

例えば三億円の使途不明金があったとすると、同額の三億円、納税しなければならなくなる。つまり、わが社は計六億円も出す羽目になるわけである。この手の政治献金に対しては、批判的に見る方も少なくないだろう。しかし、出す側だって様々な苦労をしているのである。

まあ愚痴はさておいて、当時の政治家と税務署との関係が、読者にも何となくわかるであろう。「仮払い」の使い道が政治献金でなかったら、「使途不明金」ということで丸く収めら

◉安倍晋三元総理の父君、晋太郎氏。竹下登氏と争った総裁選を応援したが、破れてしまった。品性を持った政治家だった。

◉ハマコーこと浜田幸一さんと中山正暉さん。共に政界の風雲児であった。色々、アドバイスもいただいた。

◉前列右は住友不動産の安藤太郎会長、その隣が私。昭和電工の鈴木治雄氏、三菱地所の中田乙一氏。

◉左からクラリオン小山田社長。日産自動車石原俊会長、そして私。石原さんとの出会いがなかったら全国の中古車自動車販売を制することは出来なかったであろう。大恩人だ。公私にわたって目をかけていただいた。

れたのかどうか。渡辺ミッチーの威力といい、企業には強いが政治家には弱いのが、その頃の役所であった。今はどうだか知らないが、「忖度《そんたく》」云々の話などを拝見していると、あまり状況は変わっていないのかもしれない。

ともあれ、〝伝家の宝刀・ミッチー〟には助けられた。先に「政治家に頼み事をしたことは数えるほどしかない」と記したが、数少ない頼み事は全て渡辺さんがらみといっていい。「世話になった政治家を一人だけあげろ」と言われれば、私は迷わず「渡辺美智雄」と答える。本当に面白く、頼りがいのある政治家であった。

## 渡辺美智雄の底知れない度量

渡辺美智雄さんとはゴルフ場の思い出もある。オープンしたとき雑誌にも紹介された、栃木県の喜連川《きつれがわ》カントリー倶楽部に関する思い出だ。

このゴルフ場を手掛けたきっかけは、国際興業の小佐野賢治さんの一言である。

昭和六十年頃であったと思うが、小佐野さんが会食中、いきなり

「ゴルフ場買わないか？」

と言ってきた。しばらく経って、今度は

「見せたいものがあるから、明日ちょっと時間とってよ」

という電話があり、朝七時に待ち合わせた。

翌朝、待ち合わせの場所に到着すると、

「ちょっとゴルフ場に案内するから、俺の車の後についてきてよ」

というので小佐野さんの後を追いかけた。東北自動車道をどんどん北に向かっていき、造成中のゴルフ場に辿り着いた。ここが目的地のようだ。車を降りた小佐野さんは、

「このゴルフ場はうちでやるはずだったんだけど、あんたに譲るよ。九十億円でいいよ」

と、勧めてきた。

〈九十億円か……〉

安い買い物ではないものの、それだけの価値がありそうなゴルフ場だった。ただ、ゴルフ場を所有するなど考えてもみなかったから、慎重に判断しなければならない。

東京に戻った私は、まずメーンバンクの三井信託銀行副社長・中島健さんに相談した。

「いい話じゃないか。うちはＯＫだ」

賛成してくれたので、次は渡辺美智雄さんに意見を聞いた。渡辺さんは栃木県の選出である。地元なので詳しいはずだ。

「おう、あそこはいい所だよ。栃木県で一番暖かい所だ」

そう言ってくれたので、購入を決意。「喜連川」という名前に「渡辺喜太郎」の「喜」が入っていたことも気に入った。

ミッチーさんは設計に関しても、

「春夏秋冬一年中、花が咲くゴルフ場にしたらどうか」

「紅葉が無きゃダメだ。紅葉になる木も植えないと」

等々アドバイスを寄越し、実際、その通りにした。他に温泉を掘り露天風呂を造設し、豪華なクラブハウスも建てたので、総額二百五十億円ほどでゴルフ場は完成。金を惜しまず細かい部分にまで気を配ったおかげで、どこよりも素晴らしいゴルフ場が出来上がったのである。

理事長には昭和電工名誉会長の鈴木治雄さんを迎え、名誉理事には渡辺美智雄さんに就いてもらった。鈴木さんも渡辺さんの支援者で、

「ナベさん、ミッチーの応援に行こうか」

と私を誘い、共に陣中見舞いに行ったこともある。

喜連川カントリーには地元民が百二十人ほど働いていたので、ミッチーさんは朝礼に現れ、

「従業員プラスその家族や知人で六百票、アテにしてるよ。よろしく」

と演説していたものだった。だが渡辺さんは、この六百票どころか、「裏技」を使って三

万票ものまとまった票を手に入れることができたのである。

　ある総選挙の投票日の前日、渡辺さんが喜連川カントリーの温泉につかりに来た。で、こんな生々しいことを言う。

「これから宇都宮にある建設会社で、某政党が持つ三万票の入札があるんだ。俺、今の時点では、十万票は確実なんだけど、もし十三万票入ったら、話がついたってことだよ。十万票だったら、高くて買わなかったってことだ」

　まさか、三万もの票が売買されているなんて――私は唖然としながら話を聞いた。が、ミッチーさんは、冗談は言っても馬鹿げたウソはつかない人である。冗談にしては具体的すぎるし、ウソにしても具体的すぎる。

　そしてあくる日、半信半疑で開票速報を見ていたら……渡辺美智雄は宣言通り、十三万票獲得したではないか。つまり「買った」ということだ。

　後日、ミッチーさんに、

「お話の通り、十三万票入ってましたね。買ったんですか？」

と尋ねると、

「うん、安かったから買ったよ」

と笑っていた。選挙、というより「政治」の奥深さを垣間見たような気がしたものである。

## 渡辺総理が誕生していたら、日本の失われた二十年はなかっただろう

平成三年、渡辺美智雄さんは宮澤喜一内閣において、副総理兼外務大臣に就任した。総理まで、あと一歩というところまで来たのである。外相として世界各国を回っていたが、中国に行った後、例によって喜連川カントリーの温泉に来て、こんな話をしてくれた。

「大変だよ。帰国するとき、羽田空港の上空を三回も旋回したんだけど、上から見ると、羽田周辺の中小の町工場が集まってるあたりが真っ暗なんだよ」

日本の製造業を支えている、大田区の町工場がどんどん潰れているというわけだ。ミッチーさんはさらに続けた。

「だからすぐ首相官邸に行って、宮沢総理に『早く何とかしないと大変なことになる』って言ったんだ。でも総理は『ミッチャン、そりゃ大変だ、何でもやろう』と言ったんだけど、結局何にもやらないんだよな」

時あたかもバブル崩壊の最中で、わが社を含む多くの会社が傾き始めた時期だ。そこへもってきて、日本経済の急所ともいえる地域が大ピンチだというのに、宮沢首相は即座に対策を打たなかったのである。

このとき渡辺さんが持っていた対策は、「金利を下げるべし・公的資金による株の買い上げを行うべし」というものだった。このうち株式については一部実行されたが、金利の引き下げは後手後手に回り、効果が薄くなってしまったのである。

そもそも渡辺ミッチーは、この以前から、日本経済に関し強い危機感を持っていた。わけても平成二年（一九九〇）の「総量規制」に対しては、憤りまで持っていた。

総量規制とは、大蔵省が金融機関に出した通達で、その中身は「不動産向けの融資の伸び率を、総貸出の伸び率以下に抑えよ」というものだ。「不動産業、土建業、ノンバンクに対する融資は、実行状況を報告せよ」とも強調された。つまり、ありていに言えば、「不動産屋と土建屋とノンバンクにはカネを貸すな」という暴挙にほかならない。これにより、日本の地価は当然のごとく暴落。それが主因となってバブル経済は崩壊したのである。

この総量規制がいかに愚策であったか、ミッチーは得意のたとえ話で説明していた。本書のはじめでも紹介した、「座」の理論である。

「世の中というのは機織りの機械と同じで、『座』という歯車が回ることで動いている。『座』で人間社会が全部つながっている。だから、不動産という『座』だけ外して強引に土地の値段を下げたら、ほかの『座』も回らなくなって、大変なことになっちゃう。元に戻るのに三十年か四十年かかるよ」

その後の日本経済の有り様を見れば、渡辺美智雄の洞察力がいかに優れていたか、よくわかるだろう。

宮沢総理も大インテリだから、おそらく渡辺さんと同様に、事態の深刻さを見抜いていたに違いない。危機感も持っていたであろう。だが、手をこまねき対処が遅れ、ますます状況を悪化させた。やはり政治家は、頭で考えるだけでなく、渡辺さんのようにそれを実行しようという気概と決断力とが無いとダメである。もしあの時期、渡辺美智雄副総理の「副」が取れ、「渡辺美智雄総理」が誕生していたら――。

「失われた二十年、三十年」といわれるわが国の惨状は、「失われた数年」くらいで収まったのではないか。渡辺美智雄の危機感と洞察力とを知る私は、そう信じて疑わない。

## 小沢一郎に裏切られた渡辺美智雄

渡辺美智雄さんは晩年病に冒された。あのまん丸だった体は痩せ細り、見ていて痛々しいほどだった。渡辺さんは頂点を目指し、事実、次期総理候補の一番手につけていた。だが病気によって、だいぶ後退してしまった。

しかし、平成六年に、最後のチャンスがやってくる。

当時の細川護熙《もりひろ》首相が退陣を表明すると、時期首班をめぐって暗闘が始まった。そのさなか、新生党の小沢一郎さんが、渡辺さんを総理に担ごうとしたのである。

小沢一郎さんは、前年に自民党を離党して新生党を結成し、細川連立政権を裏で牛耳っていた。その小沢さんが、なぜか渡辺さんに眼をつける。おそらくはミッチーと、その子分たちを引き抜くことで、自民党を分断させようとしたのだろう。

渡辺さんもこの動きに呼応し、

「政策を実現できる政党と提携してやるのが原理・原則にかなうし、大義名分がある」

と発言。「提携」相手はむろん小沢一郎だ。

「新・政界のドン」の如き存在だった小沢さんが主導する以上、「渡辺首班」の可能性はありうるとも見られた。新聞やテレビも、連日に渡ってミッチーの動向を報じていた。

しかしながら――話はすんなり進まなかった。小沢さんは渡辺さんに、

「二十人ぐらい仲間を引き連れて、自民党を離党してほしい」

という条件をつけたが、この二十人が集まらなかったのである。

連立政権内からも、自民党の顔ともいえる渡辺さんを推すことへの反発が出て、結局、「渡辺美智雄総理」は幻に終わった。「腹心」の中にも離党に反対した政治家がいたようだが、私とミッチーさんとをつなげてくれた中山正暉さんは、テレビの前で興奮を抑えつつ、

「(私は渡辺派の) 事務総長ですから、意気に感じて行動を共にする」と話していた。「意気に感じて」と気持ちを前面に出すところが、中山さんらしい。

この離党騒動について、のちに私は渡辺さんから裏話を聞いた。もちろん拝聴した場所は、いつもミッチーが重要な話をする喜連川カントリーの温泉だ。風呂は人の心も裸にする。

「小沢一郎から連絡があって、俺のこと、総理にするって言うんだよ。でも、『自民党から出るとき、二十人ぐらい連れてこい』って言われてさ。そんなに連れてはいけないよ。連れていけるのは一ケタだな。そうしたら、小沢とは連絡が取れなくなっちゃって。あいつは声をかけるときはいいんだが、自分の気に入らないことがあると、すぐに連絡が取れなくなるんだよな」

渡辺さんは総理になるため、多くの政治家の面倒を見てきた。私の献金も、その大部分は彼らに流れていったのだろう。政策を教え心構えを教え、ポストも与えてきたに違いない。ところが、いざという時に、従ったのは一ケタしかいなかった。

ミッチーさんの回顧を聞いたとき、政界の人間模様の切なさと、人の運命のはかなさを、見せつけられた思いがした。

人生の中で少なくとも一回は、サンタクロースがプレゼントを持って現れる——私はそう考えている。生まれや育ちに関係なく、誰に対しても一回以上は好機が訪れる、と思うのだ。

◉大蔵大臣時代の渡辺美智雄氏。経済通で、この人が総理になっていたら、日本の失われた時代はなかったかもしれない。

◉中央、私の右は、日本のドンと呼ばれた笹川良一氏の次男笹川堯氏。行動力のある人で、政治でもその力を発揮、国を想う気持ちがとても強く信念の人だった。

そのチャンスをモノにできるかどうかが、運命の分かれ道になるとも考える。

私の場合、取引先であった信用金庫の理事長の一言が、「サンタクロースのプレゼント」となった。私は元々自動車屋で、土地で儲けようなどという気は全く無かった。車の販売は順調だったし、「副業」に手を出す気など全く無かった。ただ、一か月に四百台もの中古車を売っていたため、その保管場所には悩んでいた。その際くだんの理事長が、

「土地を買った方がいいですよ」

とアドバイスをしてくれた。それに従い土地を次々と買っていったら、これらの土地がどんどん値上がりしていって、ついには資産六兆円という〝バブルのチャンピオン〟にまでなってしまったのである。また、小佐野賢治さんとの邂逅も、「プレゼント」であったと考えている。小佐野さんにはとかくの噂がつきまとっていたけれど、私は直接会って話した結果、信頼できる方だと判断した。そして実際、信頼できる方だった。私は小佐野さんからホテルのことを教わり、先に述べたゴルフ場のことを教わり、その他もろもろのことを教わり、経営者としての幅を広げることができた。

本当は、他にも何度かサンタクロースが来ていたのに、見逃してしまったことがあるのかもしれない。だが私は、少なくとも二度、大きなチャンスをつかめたと思っている。

小沢さんの言った「総理にする」という一言が、渡辺さんにとっての「サンタクロースの

プレゼント」であったのか、それはわからない。本物のサンタクロースなら、突如連絡を断つような真似はしない気もする。

ただし、この件かどうかは別にして、渡辺さんが政治歴のどこかで、好機を逸してしまっていたのは事実なのだろう。だからこそ、あれだけの能力を持ちながら、天下を獲ることができなかった。その一方、渡辺さんより明らかに能力の落ちる政治家が、たまたまチャンスをモノにして、あっさり総理になってしまう……政界は誠に無常である。

## 強引に地価を下げて国をダメにした三悪人

渡辺美智雄さんは亡くなる少し前、病をおして喜連川カントリーの温泉にやってきた。体が不自由になっていたので、私は肩を組み、入浴の手伝いをした。

そんな体になっても、ミッチーさんは国を憂いていた。特に、専門分野である経済に関しては、ことさら心配していたようだった。中でも忘れられないのが次の発言である。

「上がったら次は自然に下がるから、土地だけ無理やり下げてもダメなんだ。今後何十年経っても、景気はよくならない。よーく覚えておけよ。三重野康、宮沢喜一、橋本龍太郎の三人は、強引に地価を下げて国をダメにした三悪人だよ。あいつらは経済を知らないんだ」

三重野康とは総量規制当時の日銀総裁だ。金融引締めを実施したことで、一時は「平成の鬼平」などともてはやされた。宮澤喜一は当時の首相。橋本龍太郎は海部俊樹内閣の蔵相で、総量規制を出した際の大蔵省トップである。

バブル崩壊から三十年。日本は未だ明るい未来が見えない。為政者が、失政の責任をとったこともほとんどない。渡辺美智雄は平成七年にこの世を去ったが、その問題意識は今でも通用することばかりである。この発言の日からまもなく、ミッチーさんは亡くなった。その日、私はご自宅へ駆けつけ、病院からなきがらが到着するのを待った。温泉での発言は、まさしく遺言になってしまったのである。私は時折想像する。

〈渡辺さんが今の日本を見たら、どう思うだろう？　どんな手を打つだろう？〉

「もう少し我慢だ。日本経済は十年以内に復活する。いや、俺が舵取りをすれば、三年で復活させてやる」

と言ってくれるだろうか。それとも、

「俺がいなくなってからも愚策を続けたから、さらに何十年もかかるよ。俺がやったって無理だよ」

と呆れてしまうだろうか。いずれにしても、こういう想像をしたくなる政治家は、私が知る中では渡辺美智雄さんしかいない。

# 第六章

# 政治家と男気

## 日産の会長石原俊の痛烈なる批判に森喜朗がキレる

自民党議員の中山正暉さんが紹介してくれた、もう一人の大物政治家は、元首相の森喜朗さんである。

森さんとは長らく没交渉であったが、数年前、ある場所で久方ぶりに顔を合わせた。某大企業の会長が仲人を務めた結婚式である。その際、

「久しぶりに二人で会おう」

という話になり、その後フグを食べに行った。森さんは五輪の件で騒がれているから、

——森元首相とサシで食事。

などと書くと、何か込み入った話をしたと勘繰る向きもあるかもしれない。だが具体的な話をしたわけではなく、昔話に花を咲かせただけである。

森さんはすでに政界から引退しているが、まだまだ新旧政治家たちへの影響力を持っているようだ。私が出席した結婚式の新郎というのも、森さんと近い関係にある元参議院議員である。

その結婚式には与野党の国会議員が何人も来ており、私の近くには「二位じゃダメなんですか？」の名言（迷言？）で知られる蓮舫さんがいた。歯切れのよい弁舌で、国会の論戦では花形の政治家だ。ごく稀に、少々うるさく感じるときもあるけれど、一定の人気を持つ野党のスターであることは疑いない。

で、なぜか挨拶させられる羽目になった私は、脇にいる蓮舫さんの姿を見て、〈あのセリフを借りよう〉とひらめき、こうスピーチしたのである。

「え～結婚というものは……二度目はありません。一度目だけです……」

場内は笑いに包まれた。蓮舫さんのおかげで場を盛り上げることができたと、今も感謝している。

しかし与野党の政治家は、国会やマスコミの前では対立し、仲が悪いように見える。だが国民の知らないところでは、こうして結婚式に呼んだり呼ばれたり、案外通じ合っているものなのだ。

早稲田の雄弁会出身だけあって、森喜朗さんも蓮舫さんと同様に、舌が滑らかな政治家である。サービス精神も旺盛で、周囲を飽きさせない気さくな人だ。ただ少し率直すぎて、時たま舌禍事件を起こしてしまうことが玉にキズだ。

最近も、「女性の話は長い」と言ってしまって、五輪組織委員会会長を辞任したことは記憶に新しい。別に悪意は無いのだが、一瞬思ったことをそのまま口にしてしまうから、時に反発されることになる。とはいえ、心にもないことを平気で言える政治家よりは、失言する政治家の方がいいような気もする。

私もかつて、森さんの「問題発言」を聞いた経験がある。平成の初め頃、バブルが崩壊し始めた時期の話である。

当時、私も非常にお世話になった、日産自動車会長の石原俊さんが、テレビなどで自民党政権批判を繰り広げていた。

「日本の企業は一流、政治は三流」

等々、結構辛辣な批判であった。といっても、石原さんの真意は叱咤激励で、何も悪意がこもっていたわけではない。「しっかりしろ」というメッセージである。

だが、この石原さんの自民党批判を耳にして、森さんはだいぶ不快な思いをしていたらしい。

何かの会合の時であったか、森さんは私を見かけると、近づいてきてこう威嚇した。

「日産の石原さんが、ずいぶん自民党を批判してるけど、あれは実にけしからん。あんた、石原さんと仲が良いから、いい加減にしないと日産を潰してやると伝えてほしい」

いつもの森さんらしからぬ、凄い剣幕だった。

びっくりした私は

「日産を潰すって……どう潰すんですか？」

と尋ねると、森さんは一気にまくしたてた。

「東京本社や大阪、名古屋の支社に国税庁の査察を入れて揺さぶるんだよ。逮捕者が何人か出れば、日産はガタガタになるよ。メーンバンクの日本興業銀行からの融資も止めてやるよ。あんた、言った通りのことをそのまま石原さんに伝えてくれよ」

私はあわてて石原さんのもとへ行き、森さんの言葉を伝えた。話を聞いた石原さんは、

「……少し考えさせてくれ」

と一言。数日後、私を麻雀に招いた際、また一言つぶやいた。

「ナベさん、俺、もう馬鹿らしくなったよ」

その直後、石原さんは日産自動車会長を退き、経済同友会の代表幹事も退任。財界の一線から退いてしまったのである。

「お前のところは三流」などと言われれば、誰でも頭にくる。だから森さんが怒るのはよい。しかし、日本の政治家が、日本経済の一翼を担っている会社に対して、「潰す」というのは

無いだろう。「国税の査察を入れる」「興銀の融資を止める」という発言も、ちょっと言い過ぎである。

第一、森さんだって、石原さんを含む財界から、多額の献金を受けていたはずだ。それを棚に上げて攻撃するとは、いささか身勝手だと言わざるを得ない。日頃の森さんは明朗で、闊達で、楽しい人である。それだけに、この「問題発言」に関しては、ちょっぴり残念な気がしたことを覚えている。

## 〝日本のドン〟の次男笹川堯の男気

森喜朗さんや蓮舫さんがいらした結婚式では、国務大臣や自民党総務会長を務めた笹川堯さんとも同席した。実は、私に挨拶するよううけしかけたのが、この笹川さんである。

笹川さんのご尊父のお名前は、皆よくご存じであろう。わが国の競艇を司っていた、あの笹川良一さんである。だが笹川堯さんは、〝日本のドン〟の次男ではあるものの、苦労知らずのボンボンではない。選挙で苦杯をなめるなど、酸いも甘いも知っている。

そういえば、渡辺美智雄さんや安倍晋太郎さんも、意外なことに落選経験を持っていた。笹川さんやミッチーさん、安倍さんを見ていると、落選経験のある政治家は、人間的に幅というか、どこか厚みがあるように感じる。敗北のにがみは人を大きくするのだろうか。〝選挙の神様〟といわれた田中角栄さんも、落選したことがあるらしい。

で、その笹川堯さんとは、結婚式で久々に会ったというわけではなく、普段からよく会っている。少し前にはこんなこともあった。

平成二十四年（二〇一二）、石原慎太郎さんが衆院選に出馬するため、都知事の椅子を任期途中で辞任。その後任を決める都知事選の際、すでに政界を引退していた笹川さんから、

「立候補する」

と電話が来たのである。

「ナベさん、出るぞ」

「え？　出るって何に出るの？」

「都知事選だよ、都知事の選挙」

私はびっくりした。笹川さんは実力者だったとはいえ、すでに引退した身である。それに、この都知事選では、石原さんから後継指名された猪瀬直樹さんが、当選確実と見られていたからだ。

「都知事選って、もう猪瀬直樹さんで決まりじゃないの？　自民党は応援してくれるの？」

「いや、無所属で出る。原発問題や、石原さんが投げ出した五輪招致を何とかしないと」

笹川さんは本気だった。

〈そうか、本気か……なら何とかしないと〉

私は友人である笹川さんのために、選挙に詳しい知人を紹介した。が、結果は残念ながら、事前の予想通り猪瀬さんが大勝し、笹川さんは四位に終わった。笹川さんも政治のプロだから、自分が不利なことは重々承知だったはずだが、都政への意欲はそんな計算を超えていた。お金持ちなのに、利害損得抜きで動くところもある面は、笹川さんの魅力の一つである。

私と笹川さんとの付き合いは長い。笹川さんが国会議員になる前からだから、だいたい四十年くらいだろうか。喜連川カントリーをオープンさせたときにはメンバーになってもらったが、ゴルフ場に自家用ヘリで現れたときは度肝を抜かれたものだ。

## 〝闇将軍〟田中角栄が喜んでくれた物

喜連川カントリーでもハワイでも、よく一緒にゴルフをしたのだが、あるとき笹川さんは、見知らぬ熟女を連れてきた。なかなかの美人で、ゴルフも上手い。

何とこの女性は、〝越山会の女王〟と呼ばれた田中角栄さんの金庫番・佐藤昭子さんだったのである。

「越山会」とは、「日本一の団結を誇る」といわれた田中角栄さんの後援会のことだ。当時、田中派の若手議員だった小沢一郎さんらも、佐藤さんを「ママ」と呼んで慕っていた。田中角さんの信頼が厚く、田中派の面々にも顔が利くやり手秘書――それが佐藤昭子さんである。本名は「佐藤昭」というそうだが、私が会ったときは「佐藤昭子」と名乗っていた。

私はその頃、すでに様々な政治家と知り合っていたが、田中角栄さんには会ったことが無かった。〝闇将軍〟にはぜひ会ってみたいと思っていたので、よい機会ゆえ佐藤さんに頼んでみた。

「実は政治家の中で、田中先生とだけはまだお会いしてないんですよ」

佐藤さんは愛想よく言ってくださった。

「あらそう、わかったわ。私、話しておくわ」

帰国後、ただちに角さんの別の秘書がうちの会社へやってきて、

「渡辺さん、うちのオヤジに会ってください」

と言ってきた。さすが、〝田中軍団〟は約束を守るし、動きも素早い。私はすぐ、ワクワクしながら目白の田中邸へと向かった。

大きな中庭からあがって長い廊下を歩くと、〝今太閤〟がソファに座っていた。予想通り、オーラが凄い。

「誰だ君は?」

「はい、麻布自動車の渡辺喜太郎と申します、本日はお時間つくってくださいまして……」

「そうか、麻布自動車か」

威張っているが、それがサマになっている。世間が思い浮かべる「大物政治家」そのものといった佇まいだ。いや、この田中角栄こそ、そうした「大物政治家像」をつくりあげたのだろう。

私は角さんと親しい二人の大物の名前を出した。

「小佐野賢治さん、渡辺美智雄さんと親しくさせてもらっております」

「う〜ん、小佐野クンと仲がいいのか。渡辺美智雄は俺の子分だからさ、みんな俺んとこ来てんだから。俺が面倒みてんだよ」

あの独特のダミ声でまくしたてた。当時、小佐野さんを「クン付け」できる人は、日本中を探してもほんのわずかしかいなかっただろう。〝闇将軍〟の貫禄である。

「オヤジは足が冷えて調子が悪い」と事前にうかがっていた。そこでお土産に、西武の監督だった広岡達朗さんと共に考案した「ゲルマニウム温浴器」を差し上げたら、

「おお、これはいいものだな」

と喜んでくれた。

角さんは帰り際、

「あんた、なかなかいい奴だな。困ったことがあったらいつでも来いよ」

と言ってくれた。

〈いずれ、商売の話でもさせてもらおう〉

と考えていたが、この直後、竹下登さんたちが田中派内に「創政会」なる〝派中派〟を結成。これに激怒した田中角栄さんは、病に倒れてしまった。

数か月後には佐藤昭子さんも、角さんの娘の田中真紀子さんから首を切られてしまう。その後は政界人脈を生かし、自ら事務所を開いて活躍していたが、先年、亡くなったと聞く。

田中角栄さんとも佐藤昭子さんとも短い出会いであった。しかしお二人とも、強い印象を与える方だった。その一方、お二人につなげてくれた笹川堯さんとの縁は今も続いている。

おそらく最期まで続くだろう。やはり人生の醍醐味は、様々な人と出会えることである。

## あの尖閣諸島の灯台秘話

私の会社のある麻布が縁となり、親しくなった政治家もいる。労相、運輸相を歴任した大野明さんだ。大野さんは、

「猿は木から落ちても猿だが、代議士は選挙に落ちたらタダの人」

という名言で知られる元自民党副総裁・大野伴睦さんの息子である。

大野さんは麻布十番の蕎麦屋の親父さんと友達で、よく麻雀をやりに来ていた。私も蕎麦屋の親父さんをよく知っていたので、大野さんとも仲良くなった。知り合った頃はまだ若手で、大蔵政務次官だったと思う。

私は大野明さんと組み、二つの「仕事」をやった。それぞれ印象深いものだった。

一つは尖閣諸島の問題である。そう、中国船がしばしば領海侵入を繰り返している、あの尖閣諸島だ。政治家ではなく経営者である私だが、実は領土の問題に、一役買った実績を持っているのである。

きっかけは、大野さんにある人物を紹介したことだった。民族派団体である日本青年社の会長・衛藤豊久さんだ。大野さんと衛藤会長はすぐに意気投合。私も紹介した甲斐があった。

しばらく経ってから、大野さんから連絡が来た。

「日本青年社が尖閣諸島に灯台を建てたいと言ってるんだけど、ナベさん少し寄付してくんない？」

意外な話に驚いた私は、

「灯台の基礎になる鉄骨、鉄柱や、船のチャーター代ぐらいなら何とかなるけど……」

と答え、取引先の中堅ゼネコンに頼んで鉄骨八本と船を手配。わが社のマンションの工事費の中からやりくりし、鉄柱も用意した。だが、いくら会社が順調だとはいっても、ビジネス以外のものにたくさん出す余裕はない。

「これ以上は出せませんよ」

と大野さんに釘を刺したら、

「後は俺の方で何とかするよ」

とニヤニヤしていた。何か秘策があるらしい。

大野さんはまた、私を斎藤邦吉幹事長のところへ連れて行った。大野さんはあらかじめ、何か書類が入った封筒を私に手渡し、

「これを幹事長に渡せばいい。でもナベさん、中身は見ない方がいいよ」

と言った。私は言われた通り、斎藤幹事長に

「尖閣諸島に灯台を建設する件、よろしくお願いします」

と陳情。「見ない方がいい」と言われていたので、封筒の中に何が入っていたかは未だにわからない。

後日、大野さんと話しているとき、

「残りの費用はどうしたんですか」

と聞いてみた。すると大野さんは、ポッンと一言。

「ああ、あれは官房機密費の中から出してもらうつもりなんだよ」

官房機密費。官房長官が領収書無しで使えるカネで、年間十五億円近くに及ぶらしい。そのカネが、尖閣諸島の灯台建設費に使われるというのである。

〈機密費か……〉

私は一瞬、何か「機密」に触れてしまったような気分になった。

官房機密費を出すということは、「国費」で灯台をつくるとも解釈できる。そうなると、国が積極的に建設を推進した、という話にもなる。単に「陳情を受けたから協力した」という話では、おさまらなくなる可能性が出てくるのだ。

「使途不明金」の官房機密費だから、記録に残らないし問題ない、ということだったのだろうか。

大野さんが斎藤幹事長に根回しし、二人の間では話がついていた。で、斎藤幹事長から官房長官のところへ話がいった。

ただ、政治団体である「日本青年社」の名前が出ると何かとまずいので、「一民間人」である私の名前を使った――私はこのように推測しているが、官房機密費がからんでいたなら、もっと話はややこしくなるのかもしれない。

昭和五十三年（一九七八）八月、日本青年社の手によって、尖閣諸島に無事灯台がつくられた。その後、この灯台がテレビに映るたび、私は「機密」に触れたあの夏を思い出すのである。

## 麻布十番駅誕生の知られざる物語

大野明さんと取り組んだもう一つの仕事は、麻布十番駅の問題である。

私が麻布自動車を設立した昭和三十年代、地下鉄日比谷線の計画が発表された。その路線の中に、当初は麻布十番も入っていたのだが、地元住民から反対が起きる。

「街が騒がしくなる」

「銀座に客をとられる」

というのである。私の妻も反対の署名をしたと記憶している。

結局、麻布十番に日比谷線は通らないことが決定。しかし交通機関は都バスしかないということで、麻布十番は次第に「陸の孤島」と化していった。すると今度は一転して、

「地下鉄を通そうじゃないか」

という声が住民の間で高まってきたのである。

そんな折、わが社に大野明さんがやってきた。ちょうど尖閣諸島の一件の頃だ。で、大野

さんは、こんな重大なことを言い出したのである。

「赤羽橋に地下鉄を止める話が進んでるけど、ナベさん本当にそれでいいの？」

「え!?　ちょっと待って、商店街の理事長に聞いてみるから」

私はびっくりして、すぐにこの話を地元の商店街理事長の耳に入れた。理事長も、

「いやいや、そりゃ大変だ」

と驚く。そこで二人して大野さんに、あらためて地下鉄の件をお願いした。

「わかった。ナベさん、俺がひと肌脱ぐよ。もう一回、幹事長のところへ行こう」

大野さんに連れられ、私は理事長と共に再び斎藤邦吉幹事長のもとへ陳情に行った。地元の都議会議員や区議会議員たちも誘ったが、みんな「そんなもん、できっこないよ」と鼻で笑って来ない。しかし私と理事長はあきらめず、何度もお願いに通ったのである。

尖閣諸島の件で協力したことへの「見返り」の意味合いもあったようで、斎藤邦吉さんは熱心に動いてくれた。与党の幹事長の力は絶大で、斎藤さんが運輸省に、

「麻布十番、どうなってるの？」

と電話しただけで、状況が変わっていくように見えた。

そして何回目かの訪問のとき、斎藤幹事長はあっさりと言った。

「ああ、あれ決まったよ」

こうして麻布十番には地下鉄南北線が通り、大江戸線も通ることになったのである。ただし、私たちの陳情だけで、麻布十番に地下鉄が通ったかどうかはわからない。もっと大きなところで話が動いていて、私たちは〝サブ〟だったのかもしれない。

だが、私が尖閣諸島の灯台建設に協力したことも、無関係ではなかっただろう。

地下鉄が通って何年か経った後、私は地元の結婚式に出席した。新郎は、麻布十番商店街の関係者である。その際、私と理事長が地下鉄誘致に動いていたのを笑っていた区議が、あろうことか

「何十年もかかりましたが、私たちが寝ずに苦労した結果、地下鉄を通すことができました」

などとスピーチした。さすがに私は頭にきたので、

「よく言うね、何もやらなかったくせに」

と嫌味を言った。するとその区議は、土下座せんばかりの勢いで、

「私にもちょっとカッコつけさせてください！」

なんて言い訳した。

即座に動いてくれた大野明さん、斎藤邦吉さんと、この区議の差……。やはり物事は、「人」によって結果が大いに違ってくるのである。

## 牛若丸、山口敏夫の頼み事

平成以降の政界では、新党が毎年のように誕生している。次から次へと似たような政党が生まれるため、なかなか名前も覚えられないくらいである。

連立政権というのも当たり前になった。細川護熙連立内閣ができたし、自社さ連立政権というのもあった。近年も、自公政権から民主党中心の連立政権へと交代し、また自公政権へと戻った。一党による単独政権は、長らくつくられていない。

昭和の頃は、日本の政党の数はほぼ決まっていた。与党といえば自民党、野党といえば社会党や共産党……そう決まっていた。連立政権もほとんどなく、「政権政党は自民党」というのが常識であった。

しかし、昭和の時代にも、ブームを巻き起こし、連立政権をつくった新党が存在した。その政党が、新自由クラブである。

昭和五十一年（一九七六）の政界は、ロッキード疑獄で揺れていた。日米の航空機に関する汚職事件で、田中角栄さんや小佐野賢治さんの名前があがり、新聞やテレビは「金権政治」批判を連日に渡って展開していた。

そんな中、自民党の中堅・若手議員六名が、政界の浄化を訴え離党する。自民党のホープといわれた河野洋平さんや山口敏夫さんたちだ。そして、河野さんらは新たに政党を結成する。それが新自由クラブである。

実は、この新自由クラブの設立資金を出したのは、何を隠そうこの私なのだ。きっかけをつくったのは、新自由クラブの一方の雄・山口敏夫さんである。

昭和五十一年の春頃、山口さんが声をかけてきた。

「渡辺さんさ、あのさ、頼みがあるんだけど」

〝政界の牛若丸〟こと山口敏夫さんと知り合ったのは、共通の知人である某不動産会社の社長の縁だ。山口さんは誰とでも仲良くなってしまう人だし、私も社交性のある方である。すぐに親しくなって、銀座に飲みに行くようにもなった。そこへこの「頼み」である。

「頼みって何？」

〝牛若丸〟は声を潜めて明かす。

「いやさ、目黒にある河野洋平の家を買ってくれない？　実は河野たちと新党をつくるんだけど、資金が足りないのよ」

早速、くだんの河野邸を見に行った。約三百坪ほどの土地に豪邸が建っている。

私は山口さんに尋ねた。

「河野さんの家、見ましたよ。で、いくらくらい必要なの？」

「ズバリ、三億五千万で」

ふっかけてきたわけではなく、妥当な額である。私は購入することを決めた。そこから先は山口さんではなく、河野洋平さんの秘書か何かと話をつめていったように思う。

そしてその直後、河野さんや山口さんは自民党を離れ、新自由クラブを結党。スポンサーの一人である私は、感慨深くその報道を見たことを思い出す。

新自由クラブとは、ロッキード事件への危機感から生まれた政党だ。そのロッキード事件でも名前の出た児玉誉士夫氏は、終戦後、保守政党の設立資金を出したことを機に、黒幕にのし上がったと聞く。

ところが私はフィクサーという役どころに興味がまったくなかった。新自由クラブの動きも政界の動きも気にはしていたが、好調だった商売の方に、より集中していた。やっぱり私は、根っからの商売人なのである。

新自由クラブの結党後、田中角栄さんが逮捕された。自民党内の内紛も酷く、国民の政治不信はピークに達した。

そこへ颯爽と現れた新自由クラブはブームを起こし、年末の総選挙で躍進。当初の六名から十七名へと議席を伸ばした。のちに自民党の幹事長となる中川秀直さんも、このときの選挙で新自由クラブから初当選している。

昭和五十八年（一九八三）には自民党と連立を組み、大臣ポストも獲得。山口敏夫さんは労働大臣に、続けて河野洋平さんが科学技術庁長官になった。

だが勢いは続かなかった。路線対立や相互不信が抜き差しならない状態となり、昭和六十一年夏、ついに解党してしまう。河野さんや山口さんは自民党へ戻り、新自由クラブは十年でその幕を閉じたのである。

河野洋平さんは、パーティーなどで会うたびに、

「渡辺さんにはお世話になって……」

と挨拶してくれた。金を出してもその後は知らんぷり、という政治家も少なくない中、律儀な方であった。

復党してから数年後、河野さんは自民党の総裁に就任した。が、首相にはなれなかった。

「自民党を離れ、新自由クラブをつくった件が響き、総理になれなかった」

との見方もなされたらしい。

今から十年ほど前、ある銀行の元幹部と会食していたら、すぐ近くに河野洋平さんの息子・河野太郎さんがいた。

〈あっ〉

と思った私はすぐに挨拶し、それから河野邸の件を話してみた。

「お父さんに聞いてみてくださいよ。私があの家を買ったことで、新自由クラブができたんですよ」

しばらく経って議員会館で河野太郎さんに会ったとき、

「この前のお話、後で親父に聞いて思い出しました。坂を上がった所にある家でしたよね。私、小学生のとき、あそこに住んでいました」

息子もお父さんと一緒で、政治家には珍しく、律儀な人だと感じたものである。

山口敏夫さんとは新自由クラブが結成された後も、相変わらず銀座に行ったりゴルフをしたり、気楽に付き合った。

山口さんは小柄な体を補うため、長尺ドライバーを振っていたことを記憶している。私も一度使わせてもらったことがあるのだが、確かに当たればよく飛んだ。

山口さんが労働大臣になったときには、大臣室へ遊びに行ったこともある。

が、山口敏夫さんは平成七年、カネがらみの事件で逮捕され、政界も引退してしまった。

山口さんと取引していたのが高橋治則さんで、治則さんの兄が五輪がらみで逮捕された高橋治之さんである。

私は高橋さん兄弟とも付き合いがあったのだが、それは後で述べよう。

## 「麻布美術館」の恩人宇野宗佑元首相と廣済堂社長桜井義晃

平成の初め頃、宇野宗佑という首相がいた。就任直後に女性問題が発覚し、すぐに辞めてしまった総理大臣である。宇野さんは中曽根派の幹部であったが、同じ中曽根派幹部の渡辺美智雄さんとは仲が悪かったらしい。私はミッチーさんと非常に親しくしていたが、この宇野さんとも付き合いがあった。

宇野宗佑さんは粋人で、絵画や俳句をたしなむうえにピアノも弾けた。なんでもハーモニカも上手かったらしい。唄やお座敷遊びも大好きな人であった。

私が文化の世界に乗り出すことになったのも、この〝文化人〟の宇野さんの提案が、きっかけの一つであった。

ある日宇野さんが、私にこう勧めてきた。

「渡辺さん、商売の方で色々成功したんだから、今度は美術館でもつくって、文化の方にも貢献したらどう？」

宇野さんの話と前後して、経済評論家の邱永漢《きゅうえいかん》先生からも勧められた。

「渡辺さん、ビルを建てたり買ったりするのもいいけど、絵を買った方がいいと思いますよ。

浮世絵なんか、今だったら十分の一で買える。十年経てば十倍ですよ。一万坪のビルなんかよりも、よっぽどいいと思いますよ」

邱先生は続けた。

「事業家っていうのは、成功すると世間に存在を認知させようとしたがるけど、一代じゃなかなか認められないもんですよ。それより日本の美術とか芸術に目を向けて、絵を買いなさいよ。特に浮世絵を中心とした、日本の絵。肉筆の浮世絵なんか一点しか無いから集めたら面白いですよ。そして、いつか美術館をつくったらどうですか？」

ある国に経済力がついたら、必ずその国の文化にも世界中から注目が集まる。日本の場合、注目されるのはお茶とか禅とかではなく、浮世絵だ。浮世絵は版画に刷られた物が世界中に流布しているが、元になっている肉筆の絵がある。それを集めれば、大したコレクションになる。西洋絵画のコレクションは世界中にたくさんあるが、肉筆の浮世絵コレクションは少ないから、いずれ世界中の人が見に来る――これが、邱永漢先生の見方であった。

宇野宗佑さんと邱永漢先生の話を聞いた私は、

〈そうか、美術館もいいな〉

と思うようになってきた。

そこでアンテナを張っていたところ、木村東介さんという美術商が、大量の浮世絵を扱っていると耳にした。木村さんは、肉筆浮世絵の収集家として著名な方で、弟は田中派幹部の〝元帥〟こと木村武雄元建設相だという。木村さん所蔵の浮世絵を見に行くと、数えきれないほどの作品が並んでいる。

〈浮世絵を買え〉

という邱永漢先生の言葉が耳に残っていた私は、思い切って三千点ほどまとめて購入。まず、わが麻布自動車のビル内に、「麻布美術館」をオープンさせた。だが、コレクションはどんどん増えていく。ビルの一フロアでは、すぐに手狭になってしまった。

そのため移転先を物色していると、六本木にある工芸学会の国有地が目についた。だいぶ古い物件であったが、皆が注目していないところにこそ宝の山がある、というのが私の若い頃からの信念である。

〈ここだ〉

と思った私は、休眠状態だった工芸学会ごと買い取ることを決め、十億円で払い下げてもらった。だいたい三百坪で十億円だった。こうして平成元年に開館したのが、「肉筆浮世絵のコレクション」を売りにした、「麻布美術工芸館」である。

私は元々自動車屋であったから、美術の世界は素人だった。だから美術界のルールやしきたりに慣れるまで、色々と大変な思いをした。だが、邱永漢先生のお言葉通り、麻布美術工芸館には世界中からたくさんの人々が来てくれた。しかもありがたいことに、皇族の方々まで複数回、お見えになってくださったのである。

〈ああ、色々不安だったたし大変だったけど、美術館をやって良かった……〉

皇族の方々は美術にも造詣が深い。そういう審美眼の高い方々がいらしてくださり、それまでの苦労も吹き飛んだ。また、人の助言は聞くものだ、とも思った。

門外漢の私が美術事業に手を出したのは、宇野宗佑さんと邱永漢先生の話を聞いたからである。お二人のアドバイスが無かったら、浮世絵を集めることも、美術館を運営することも、皇族の方々と同席させていただくことも無かったであろう。

また、麻布美術工芸館の学芸スタッフたちも、みな美術に通じており、収集の際には的確な助言をしてくれた。おかげでコレクションは量のみならず、質の面でも高いレベルを保つことができた。思えば多くの方々にお世話になった私だが、人との出会いは私を未知の世界へ案内してくれたのである。

この麻布美術工芸館は、残念なことに平成十年、閉館した。バブルがはじけて資金難になったため、閉じざるを得なくなったのである。自慢の肉筆浮世絵たちは、オークションにかけられ世界中へと散った。閉館直後の新聞は、

「希少性の高い肉筆浮世絵の一大コレクションだったのだから、何とかコレクションを分散

させず、まとまった形で残す道はなかったものか」と書いていたが、私も同じ思いであった。何か、日本の文化が消えていくような気がして、実に悔しかったことを覚えている。

私がお世話になった方の一人に、廣済堂の社長・桜井義晃さんがいる。廣済堂は印刷業や出版業、ゴルフ場など手広く事業を展開しているが、社長の桜井義晃さんは、各所に影響力を持つ実力者であった。私もお世話になった、小佐野賢治さんともツーカーの仲だったようだ。

正月に桜井さんの所へ伺うと、各界の実力者の方々がたくさん来ていて、みんなして一杯やっていたことを覚えている。

とにかく昭和の頃は、桜井さんのような不思議な力を持つ人が、あちらこちらにいたのである。

ちなみに私は桜井さんの部下だった、平本一方さんのことも知っていた。平本さんは、戦後の疑獄事件などで名を馳せた金融王・森脇将光さんの秘書か何かの出身で、その後廣済堂に入ったと聞く。平本さんとは別件ですでに知り合っており、あらためて桜井さんから紹介された際、「知ってるよな、前から（笑）」とお互い苦笑いしたのは懐かしい思い出である。

最後に、〝平成のフィクサー〟について少しだけ述べよう。

ただし、迷惑をかけるといけないから、名前を出すことはできない。

メディアには登場しない人なので、一般的な知名度は高くないだろう。しかし、〝児玉誉士夫以来の人物〟といわれるほどの実力者である。もっとも、「児玉誉士夫以来」といっても、「裏社会」「グレーゾーン」に住む人ではない。きちんとした本業を持った実業家だ。

あの田中角栄さん以来、様々な政治家とつながりを持ち、官界にも影響力を持っているらしい。非常に口が堅く、信頼できる人物である。

私はこの方と、ある場所で偶然知り合った。初めはそんな凄い方とは知らず、ごく普通に付き合っていた。おかげで仲良くなれたのかもしれない。

詳細を明かせないのが残念だが、困ったときはこの人に頼めば、それが非常識なお願いでない限り、上手くいくことが多かった、とだけ言っておく。

人間社会は複雑だ。様々な利害が絡み合い、感情も絡む。政治家が、法律やルールをつくっても、世の中が上手く回っていくとは限らない。焼け跡から出て高度成長を達成し、バブルの絶頂と崩壊とを経験した私には、そのことが身に染みてわかる。

だから世の中には、複雑に絡んだ糸をほぐす人が必要となる。それがフィクサーだ。人間社会が複雑である限り、いつの時代も黒幕やフィクサーは、存在し続けるのだろう。

最後の最後にもう一つだけ。

今も私の会社には、二人の政治家との記念写真が飾ってある。

渡辺美智雄さんと、安倍晋太郎さんとの記念写真だ。

様々な政治家たちと知り合って、語り合ったものだが、やはり、思い出深いのはこのお二人である。

安倍晋太郎さんは平成三年に六十七歳でこの世を去り、渡辺美智雄さんも平成七年に七十二歳で他界した。

お二人とも総理大臣を目指したが、病に倒れ、その夢はかなわなかった。

無念であったろうが、それでもあそこまで活躍できたのだから、充実した人生だったに違いない。

日々、お二人の写真を眺めている私も卒寿を迎えた。

〈私も彼岸へ行ったら、どんな話をしようか。昔話から始めて、その後の日本の姿やお子さんたちの話を……〉

たまに、そんなことも考える。

# 第七章

# 忘れがたき懐かしき人たち

## 芸能・スポーツ界

## 球界の紳士、広岡達朗の人柄

私は元々中古自動車販売を手掛けていたが、販売競争が激しくなるにつれ、次第に利益が出なくなってきた。そのため昭和五十年代の後半ごろ、経営戦略を変更。高級外車の新車を扱うことにしたのである。

当時はまだ、バブル景気の時代ではない。だが私の周りにも、外車を乗る人が増え、〈日本全体が、前よりだいぶ豊かになってきた〉と実感するようになった時期だった。そこで思い切って、中古車から高級外車へと転じたのである。

外車を扱い始めると、多くの芸能人やスポーツ選手の方が、本社ビルのショールームに来てくれるようになった。最初にいらしたのが伝説の名監督・広岡達朗さんである。

私は巨人や東映フライヤーズの監督を務めた名将・水原茂さんの大ファンだった。戦前、巨人の名選手として活躍していた水原さんは、戦争にとられ、シベリア抑留も経験。帰国後、後楽園球場で

「水原茂、ただいま帰って参りました」

と挨拶し、ファンの感動を呼んだことは語り草になっている。

水原さんは現役を引退後、巨人の監督となり、その後東映フライヤーズの監督に就任する。その頃私は本拠地の駒沢球場へ、水原監督を応援するため足しげく通っていた。

その水原さんが巨人の監督時代、長身の名ショートとして鳴らしていたのが広岡達朗さんである。長嶋茂雄さんと三遊間を組んでいたことも伝説になっている。

広岡さんはフラッとわが社のショールームにやってきて、ＢＭＷのある車種を気に入ってくれた。五百万円以上はする車だ。

「負けますよ」

私は広岡さんのファンでもあったので、かなり割引して提供した。その際連れの人が、

「広岡さんは今度、西武ライオンズの監督になるんだよ」

と教えてくれたので、つい勢いで

「ああ、それはおめでとうございます。もし優勝したら、何か車をプレゼントして差し上げますよ」

と言ってしまった。

昭和五十七年、西武の監督となった広岡さんは、一年目で早くも日本一になった。

〈ホントに優勝するとは……凄い〉

少しもったいないような気もしたが、約束通り、ＢＭＷの特別仕様車をプレゼントした。およそ千五百万円也。これを機に、広岡達朗さんとの付き合いが始まった。

広岡監督といえば、

「玄米を食べろ」

「肉を食うな」

「酒を飲むな」

という〝管理野球〟が有名である。実は私もその「現場」に居合わせたことがある。

一緒に三宅島へ釣りに行ったときだ。広岡さんは島に知人の多い私の顔を立て、役所や学校で講演をしてくれた。それはありがたいのだが、島の子供たちにまで〝管理〟を持ち込み、

「君たち、コーラを飲んじゃダメだよ」

などと言う。広岡さんの影響力は絶大だから、案の定、島のコーラの売り上げが落ちてしまった。これには私も冷や汗が出たのを覚えている。

広岡さんと親密になった私は、西武球場の監督室に挨拶に行ったり、監督・コーチが借りていた球場近くのマンションにお邪魔したりするようになった。その後西武の監督になる森《もり》

祇晶《まさあき》コーチとも親しくなり、のちに森さんが離婚・再婚した際、夫婦の相談に乗ったこともある。

広岡さんは私に、〝球界の寝業師〟と呼ばれた西武球団の管理部長・根本陸夫さんを紹介してくれた。私はこの根本さんともすぐに仲良くなった。

根本さんは私によく電話をかけてきて、

「ナベさん、今週空いてる？　いつものところで」

と、月一回、新高輪プリンスホテルのバーで会った。そんなとき、根本さんの〝寝業師ぶり〟を垣間見ることがあった。

根本さんは私に、

「広岡の『肉食うな』とか『酒飲むな』とか、ちょっとやりすぎだよな」

なんて漏らす。根本さんが直接言うと、プライドの高い広岡さんは激高して辞めかねない。そこで私を使うわけだ。

で、私は根本さんの意図を忖度して、やんわりと、セーブして伝える。私が控えめに伝えることまで、根本さんは読んでいるのである。

逆に、広岡さんの言い分を、根本さんに伝えることもあった。広岡さんは口が悪いから、時に根本さんの悪口を言う。それをそのまま伝えずに、私流に柔らかくして根本さんに伝える。一クセあるキレ者二人の間で、私は〝潤滑油〟の役目を担っていた。

むろん、そんなことをしたって一銭にもならない。だが、お二人が私に色々話すということは、それだけ信頼してくれている証でもある。「両雄の信頼」というのが素直に嬉しかったし、そもそも私は人と人をつないだり、仲良くさせたりすること自体が大好きなのだ。だから私は面倒でも何でもなく、楽しみながら潤滑油役を果たしていたのである。

さて、広岡さんは、監督一年目に続き二年目も優勝を果たした。連続日本一の偉業を達成したことで、広岡さんは押しも押されもせぬ大監督となった。

圧倒的な高評価を受け、広岡さんも少し天狗になってしまったらしい。元々口の悪い人が、ますます辛辣にフロント批判などを展開するようになった。

そうなると、フロントの中核である根本陸夫さんとの仲もギクシャクしてくる。潤滑油の役目を担っていた私もお手上げになってきた。

結局広岡さんは、昭和六十年、またもチームをリーグ優勝させたにもかかわらず、監督四年目で解任されてしまう。広岡さんはこれ以後監督を務めることはなかったが、プロ野球史に燦然と輝く名監督だったことは間違いない。

監督を辞めた直後、広岡さんは私のところへ来て、

「堤義明オーナーは『やりたかったらどうぞ』とふざけたことを言うから、頭にきて辞めた

よ。ナベさん、お金も少しもらったよ」

と、数千万円の小切手を見せてくれた。結構茶目っ気もある人なのである。

広岡さんは西武を去った経緯もあり、その後も根本さんと不仲だったようだが、その能力は認めていたらしい。その「証拠」となる話を紹介しよう。

私がお世話になった経営者の一人に、ダイエーの中内㓛さんがいる。このカリスマ経営者とは、ホテル事業を通じて知り合った。中内さんは大正の生まれゆえ、私より一回りも上である。だが叩き上げ同士ということで、すぐに昵懇《じっこん》の間柄となった。ダイエーの会長室に遊びに行ったこともしばしばある。

平成四年のある日、その中内さんから電話が来た。

「ナベさん、ちょっと相談したいことがあるから、悪いけど会社に来てくれないか」

何事かとダイエー本社へ駆けつけると、中内さんは神妙な顔で切り出してきた。

「なあ、ナベさん、俺は死ぬ前に一度でいいからホークスを優勝させたいんだよ。何かいい方法はないかねぇ」

何とプロ野球の相談だった。中内さんは野球が大好きで、オーナーを務めるダイエーホークスがどうすれば優勝できるか、悩み抜いていたのである。

私が相談役に選ばれたのは、わが麻布自動車が、ＭＶＰの商品の車を提供するなどしていたからだろう。プロ野球に詳しいと思われたのだ。

私は名将の名前を出した。

「なるほど、わかりました。私はあの広岡さんと親しいから、紹介しますよ」

「おお、広岡さんには会ってみたいと思っていたところです。ぜひセッティングしてよ、お願いしますわ」

数日後、私の自宅で中内さんと広岡さんを引き合わせた。

中内さんの話を聞いた広岡さんは、ズバっと言う。

「一番いいのは、西武から管理部長の根本陸夫さんを引っこ抜いちゃうことですな。私も経験しましたけど、西武の堤義明オーナーはプライドの高い天狗です。人が辞めるって言うと、『どうぞ、どうぞ』って言って、引き留めやしません。去る者は追わずなんですよ。誰を引っ張ったってへっちゃらですよ」

この日からしばらく経って、中内さんと堤さんのトップ会談が行われ、根本さんがダイエーの監督に就任することが決まった。根本さんは就任早々、寝業師ぶりを発揮して、西武の看板選手だった秋山幸二選手らを含む、ダイエーと西武の大型トレードを成立させる。さらにはこれまた看板選手だった石毛宏典選手や工藤公康選手もダイエーに移籍させ、彼らの活躍によってダイエーは優勝・日本一を達成したのである。

◉球界の紳士たれ、をモットーに生きた広岡達朗氏。頭のいい人で、とても理論的に物事を考える人だった。私とはウマが合い生涯の友となっている。品川の私の自宅で行われた社内忘年会にゲストで参加。

◉森光子さんと泉ピン子さん。とても聡明でチャーミングな人柄で、とても親しくさせていただいた。

広岡さんの凄いところは、根本さんと仲違いしていても、その能力は評価していたことである。人はともすれば、好き嫌いと評価がごっちゃになる。嫌いとなればその能力も無条件で否定する、ということになりがちだ。

しかし広岡さんは、感情と評価をしっかり区別し、根本さんを推薦した。これはできそうで、なかなかできないことだと思う。

私も会社を経営していたのでわかるが、「人」の評価というのは実に難しい。よく「適材適所」というけれど、これは口で言うほど簡単にできることではない。

どうしても感情が入ってしまうことが多いし、世間や周囲の評判に、左右されてしまうこともある。ある面では優れた能力を持つ人材が、別の面では優れていないケースも少なくない。性格面では信頼できない人間が、仕事に関しては信用できる、という場合だってまある。

感情、評判、状況……これらを総合的に勘案し、人を評価し選択する。これは組織の上に立つ者にとって、最も重要なことであると同時に、最も難しいことだと言えるかもしれない。

そこへいくと広岡さんは、主観、感情、世評、個別の事例等々を、冷静に見極め判断できる珍しい人物だ。好悪を排して根本陸夫さんを推薦したごとく、監督時代もまさに適材適所でチームを運営したに違いない。だからこそ、就任するやいなや弱小球団を連続日本一に導くという、とてつもない偉業を達成できたのであろう。

私事で恐縮だが、バブル崩壊のさなかに行われた私の娘の結婚式に、広岡さんは出席してくれた。会社も私の評価も傾き始めた頃であったが、そうした世評と関係なく、私との縁を大切にしてくれたのである。あのとき出席してくれたことを、私は今でも感謝している。

感謝といえば、ダイエーが初めて優勝したとき、私は中内さんにいたく感謝された。あの凄腕経営者が、

「ありがとう。ナベさんが広岡さんを紹介してくれたおかげだ」

と、涙ながらに言ってくれたのである。

やはり世の中は、人と人とのつながりで成り立っている。そして、そのつながりの〝潤滑油〟となるものが、感謝の気持ちなのである。

## ヤクルトの監督に野村克也を決めた

外車を扱い出してまもなく、スポーツ選手や芸能人以外に、ヤクザの人たちも知った。

周知のごとく、ヤクザの人たちはベンツに乗る。そのベンツをうちの会社で買ってくれるというわけだ。

「そういう人たちって、ちゃんとお金を払ってくれるんですか？」

こう聞かれたこともあるけれど、現金でパッと払ってくれた。当時は今と違って暴対法も暴排条例も無く、カタギとヤクザの付き合いがゆるいといえばゆるい時代だったのである。

大阪にある某組などは、しょっちゅう麻布自動車でベンツを買ってくれた。

またある大物から、あるとき
「ちょっと大阪まで来てくれないか」

と電話が来た。確か昭和の終わり頃か、平成の初め頃だったと思う。

私は大阪へ飛び、指定された料理屋へと出向いた。

すると、大物の他に、中年男女がいる。

〈あっ〉

と思ったその二人は、元プロ野球選手の野村克也夫妻であった。

野村夫妻とその大物との関係は知らないが、野村さんは現役を引退後、よく大阪で遊んでいたそうだから、その流れで知り合ったのかもしれない。

その男性が切り出した。

「実は、野村さんはヤクルトスワローズの監督をやりたいと思っている。何とかならないものか」

野村さんは現役時代、南海ホークスにて選手兼任で監督を務めた経験がある。だが引退後はどこのチームでも監督をしておらず、この当時も野球解説者であった。そろそろ現場に戻り、采配を振るってみたくなったのだろう。

話を聞いた私は、すぐにある人物へ連絡した。

誰あろう、ヤクルトの松園尚巳オーナーである。

実は、私のプライベートの知人が松園さんの親戚だった。その縁で、松園さんを以前から知っていたのである。そこで松園さんに、野村さんの監督就任を頼んだら、すんなりＯＫしてくれた。で、その言葉通り、野村さんは平成元年のシーズン終了後、晴れてヤクルトの監督に就任したのである。

かの「野村スコープ」を使う分析など、優れた解説者であった野村さんは、監督としても優れていた。弱小チームだったヤクルトを、数年で優勝に導いて、日本一も達成した。「野村監督」の実現に一肌脱いだ私も、誇らしく思ったものである。

野村さんとは家族ぐるみの付き合いとなり、息子さんもうちの会社によく遊びに来てくれた。

ただ、一点だけ、あまり楽しくない思い出もあった。

いや、野村さん本人ではなく、奥方に関してだ。

そう、例の〝サッチー〟である。

野村さん夫妻がわが家へお見えになったときのことだ。たまたま、ある銀行の紹介で来た、宝石商も同席したことがあった。するとサッチーはダイヤモンドを眺め、

「三つ売って、二つ私のものにする」

と言って五つのダイヤモンドを持って帰った。そこまではいいのだが、何と、後になって、

「代金？ そんなの渡辺さんが払うんでしょ」

などと言って私に金を払わせようとしたのである。

私は今、あるホテルのジムに通って体を動かしているのだが、ジム仲間にもサッチーの〝被害〟を受けた方が何人もいる。

野村克也さんはヤクルトを四度も優勝させ、名将の名をほしいままにした。だが、その評価と比例して、奥方の鼻もまた高くなっていった。野村さんやご子息とは良い思い出ばかりだっただけに、あの奥方のふるまいは残念であった。

## 外車販売で知己を得た宮尾すすむ、高橋英樹

かつて、「モーニングショー」という番組の中に、「宮尾すすむのああ日本の社長」なる人

気コーナーがあった。

右手のひらをアゴの下に構え、「ハイッ」とやる。このポーズで人気者だったタレントの宮尾すすむさんが、日本各地の社長を訪れ、インタビューをするコーナーだ。

外車販売を始めた頃、これに私も出演したことがある。取材に訪れた宮尾さんは、私と同じ昭和九年生まれだったので、すぐに意気投合した。奥様と一緒に本社のショールームに顔を見せ、一台買ってくださったこともある。

当時、宮尾さんは、「遠山の金さん」に出演していた。高橋英樹さんが主演を務める時代劇の名作である。

その撮影の合間か何かに、宮尾さんは高橋さんに話したらしい。

「麻布に、世界の珍しい車をたくさん展示してる所がありますよ。一度行ってみたらどうですか」

高橋英樹さんは大の車好きである。宮尾さんの話を聞き、早速わがショールームにいらしてくれた。

はじめは特に買うつもりは無く、見に来ただけだったようだが、数々の車を眺めているうちに欲しくなってしまったらしい。

で、〝遠山の金さん〟は、役柄そのままの気っぷの良さで、その場でベンツの格好いいヤツを購入。これを機に、私は高橋さんとも親密になった。

私がハワイにホテルを所有するようになってから、高橋さんは毎年の年末年始に泊まりに来るなど知己《ちき》を得る仲となった。

大晦日から元旦にかけ、一緒に花火を打ち上げた思い出もある。家族の方とも親しくさせていただき、のちにフジテレビのアナウンサーとなった娘の真麻ちゃんは、それこそ赤ん坊の頃から知っている。その真麻ちゃんもフリーとなり、今やお子さんがいらっしゃるというのだから、私も年をとるはずである。

## 北島三郎と小林旭の超豪快金銭感覚

麻布自動車のショールームには、希少価値のある車も並べていた。例えばクレネ・シリーズⅡという車は、世界二百五十台の限定生産で、うちにも三台しか置いていなかった。当然、値段も張り、一台およそ三千五百万円也。金持ちといえども、易々と手は出せない価格だ。

ところが、この高級車をスパッと買ってくださった芸能人がいる。

演歌界の大スター・サブちゃんこと北島三郎さんである。

北島さんは、CM撮影で米ラスベガスに行ったとき、ホテル近隣のモーターショップでクレネ車と邂逅。一目ぼれして写真を何枚も撮ってきたという。帰国後、事務所のスタッフに輸入元を調べさせるなどしていたが、なかなかわからなかったらしい。

だが諦めずに探していたさなか、クレネ車がうちのショールームにあることを知る。そこでただちにわがショールームにやってきて、〝憧れの君〟と再会を果たしたのである。

とはいえ、安い車ではない。いや、高い。なにしろ三千五百万円である。いくら北島さんが演歌の帝王といっても、おいそれと出せる額ではないだろう。

スタッフの方も心配だったようで、

「もうちょっと様子見たら……」

なんて暗に先送りをうながす。

されどサブちゃんは〝男〟であった。制止を振り切って、この世界に二百五十台しかない、日本には三台しかない、稀代の高級車を買ったのである。

〈演歌界のスターである北島三郎にふさわしい車を乗り回す、というわけか〉

私は商売の胸算用とはまた別に、北島さんのプライドに触れたような気がした。どんな世界でも、一流と言われる人はどこか違うとも思った。その後、私はハワイを代表するホテルを手に入れた際、いわく言い難い気分に浸ったが、サブちゃんがクレネ・シリーズⅡを購入した際も、同じ感覚に駆られたのであろう。

実はもう一人、このクレネ・シリーズⅡを買ってくれた芸能人がいる。俳優であり歌手である、〝マイトガイ〟こと小林旭さんである。

麻布自動車で用意していた三台のクレネ・シリーズⅡのうち、一台は売れ残った。つまり、買った二人はいずれも芸能人だったわけだ。やはり、スターという人種は、様々な意味で常人とは異なる存在なのだろう。小林さんも北島さんも、何台もうちの車を買ってくれたのだが、小林さんは新車に乗り換えると、それまで乗っていた車を人にあげてしまう癖があった。見た目の通り豪気な人柄なのである。

小林旭さんとは一緒に船に乗って大島へ行ったこともあるのだが、事業の面でお手伝いした思い出もある。芸能人は人気商売ゆえ、普通の勤め人に比べ不安定な部分もある。そのため万一のことを考えて、事業に手を出す人が多いようだ。ただ、小林さんは言うまでもなく一流芸能人だが、実業面では必ずしも成功しなかった模様である。

十年くらい前、あるホテルの創立十周年記念のパーティーに出席した際、ゲストとして登場したのが小林旭さんだった。思えば久しぶりの再会である。

「ああ、珍しい人がいるなぁ」

と声をかけてくれた小林さんは、歌の合間に私をいじった。

「俺も日活で俳優として売れていたけど、もしかしたら俳優だけでは食えないと思って歌も覚えた。で、歌のおかげで、今日、こうして皆さんに会えた。それでも心配で、ここにいる渡辺喜太郎さんに教えてもらって投資もした。そうしたら、喜太郎さんと同じように失敗した」

私を見て笑いながら語る。こっちも苦笑するしかない。また、ある曲を歌い上げた後も、「この歌がヒットしていたときも、再び喜太郎さんのアドバイスで投資したけど、これまた失敗。さらに借金を膨らませた」

なんて言う。またまた苦笑いだ。

私は小林さんが不動産投資で失敗したことを知らなかった。私もバブルがはじけてやられたクチだから、愚痴を言わず黙っていたのだろう。〝マイトガイ〟は豪快であると同時に、気配りもできる方なのである。

## 若山富三郎と「芸能人割引」

小林旭さんと並んで豪快だった芸能人が、俳優の若山富三郎さんである。

若山さんはうちのショールームに顔を出すとき、いつも二十代後半とおぼしきスリムな女性を連れていた。女優かモデルと見間違うような美女である。この美女は若山さんのことを

「先生」と呼んでいた。

あるとき若山さんは、この謎の美女と共に麻布自動車へやってきて、クライスラーの大型ワゴンを購入してくれた。

価格は八百万円前後であったが、「芸能人割引」を適用し、頭金二百万円・残りは五十万円ずつ十回払いということで話がついた。

若山さんは契約書にサインした後、

「保証人はこの娘でいいかね？」

などと言ってくる。

〈エッ!?〉

と思ったが、

「……いいです」

と答えてしまった。生きているとたまにある、口が勝手に動いてしまったような感覚だった。

その後車を納める際に、頭金をいただくことになっていたのだが、担当者を行かせると
「二、三日のうちに届けるから」

とのことだった。

◉若山富三郎さんの人柄の大きさにはただただ驚かされた。気さくで、人情家で、女性大好きな人だった。

◉小林旭さんとは車の販売が縁で知り合った。男っぷりがよく、公私にわたって付き合う仲だった。

すると、二、三日後、例の若山さんの連れの謎の美女が現れて、

「先生に二百万円渡したのですが、先生、こちらへ持ってきませんでした？」

なんてとぼけたことを言う。

こちらも商売だから、その場で若山さんに電話させたら、

「渡辺さん、悪いね……。頭金のカネ、ちょっと必要があって、他に回しちまった。そこに保証人がいるでしょ、その保証人で何とかしてよ」

などと言ってきた。

私も女性は嫌いではないが、カネの代わりに云々、なんてできるはずもない。〝保証人〟もそのつもりで私のところへきたようだが、結局、この件はウヤムヤになってしまった。

当時はバブル景気の波に乗り、会社も順調だったから、私も若山さん並みに豪快だったのかもしれない。

この二百万円の頭金のことも、どうでもよくなってしまった。むろん、バブル崩壊後だったら、きっちり払ってもらったであろう。

しかし気になるのは若山富三郎さんを「先生」と呼ぶ、あの〝保証人〟の素性である。駆け出しの女優だったのだろうか、玄人筋の女性だったのか。

若山さんとの関係も含め、その正体は未だに謎のままである。

## 海で友情を育んだ森繁久彌と前田武彦

私は海が大好きだ。仲間と共に船に乗り、大海原に出て、釣りをして、和気あいあいとおしゃべりをする……こんな楽しいことはない。ゴルフと並ぶ私の趣味、それがクルージングとトローリングである。

私は外車を扱うことで、多くの芸能人やスポーツ選手に人脈ができたが、「海」もまた、私の人脈を広げてくれた。

海釣りへ行くと、二人っきりになることがしばしばある。そんなとき、当たり障りのない会話だけでは場が持たない。だから自然、互いの本心をさらけ出すようになる。本音を話す。そうなればもうしめたもの。互いの距離が一気に縮まってくるのである。

私は前回の東京オリンピックの前、昭和三十年代後半ぐらいから、海にのめり込み始めた。その数年前にスタートさせた、中古自動車販売が軌道に乗り、生活にも余裕が出始めていた時期だ。

まず四人乗りのボートを購入し、江戸川に出て遊んだ。次第に大きいボートを買うようになり、いつしか漁船、クルーザーを所有するようになっていったのである。

場所も江戸川を卒業し、東京湾から沖に出たり、神奈川から海釣りに出たりするようになった。船仲間も増えていき、色々な方と知り合うようにもなった。

最初に知り合った芸能人が、森繁久彌さんである。

森繁さんは船好きが高じてマリーナを造ったほどの人で、私も自分の船をこの「佐島マリーナ」へ移籍。森繁さんを会長にして、「幸漁会」という船仲間のグループもつくった。メンバーには仕事を通じて知り合った、自動車販売の同業者たちも集まった。「海」と「船」とが、「仕事」と「趣味」とを結びつけてくれたのである。

子供が小さかった頃は、毎週のように子連れで佐島マリーナへ遊びに行き、森繁久彌さんとは家族ぐるみの付き合いとなった。私の義母、つまり妻の母は魚の行商人だったから、家内も魚をさばくのが上手い。

だから、釣ったばかりの魚を揚げる天ぷらパーティーを開くときなどは、森繁さんは私にこう頼んでくる。

「おい、あんたのカミさん、呼んできてくれ」

むろん家内も喜んで、魚を揚げる。他にもクリスマスパーティーを開いたり、食べきれないほどのサバやイカを釣ったり……船はみんなを幸せにしてくれたのである。

しかし、マリーナの経営というものは難しい。いくら船が好きだからといって、成功するとは限らない。

森繁さんも厳しかったようで、あるとき私に
「佐島マリーナに資本参加してくれる人はいないか」

と言ってきた。

それで私が動き、結果的に日産自動車へと経営が移譲されることになった。だがその過程で行き違いがあり、森繁さんは経営陣から外された。私は森繁さんに申し訳なかったと思ったし、森繁さんも悔しく思っていただろう。

しかし、趣味で芽生えた友情というのはやはり固い。私たちの親交は、その後も変わらなかった。思えばバブル崩壊で、私から離れた人も少なからずいたが、船の仲間たちは離れなかった。海の上で結ばれた絆は、深く強いものなのである。

森繁さんの他に親密だった芸能界の船仲間は、名司会者で知られた〝マエタケ〟こと前田武彦さんである。私は前田さんの奥さんとも仲良くさせていただいた。

## 「晴天の友と雨天の友がいる」

前田さんはヨットを所有し、仕事の無い日や週末は、夏でも冬でも海へ出かけて船の中で

過ごしていた。

ところで、前田さんといえば有名なのが、「バンザイ事件」である。

昭和四十八年に、マエタケさんはある共産党候補の選挙応援に行った。その際脱線してしまい、

「(応援候補が)当選したら、生放送でバンザイします」

と宣言。その候補が実際に当選すると、数日後の歌番組の生放送で、本当に
「バンザイ!」

とやってしまった。この行為が「電波を私物化した」と袋叩きにあい、〝名司会者・マエタケ〟は、ほとんど全てのテレビ番組から降板させられてしまったのである。

ヒマになった前田さんは、ますます海へと来るようになった。会う機会が増えるほど、その分だけ親しくもなるものだ。私と前田さんの親交は、バンザイ事件を機にさらに深まったのである。

「晴天の友と雨天の友がいる」

という格言がある。三木武夫元首相の言葉だそうだが、なかなか味わい深い名言である。

私にも経験があるけれど、晴れの日、つまり勢いのあるときは、たくさんの人が近づいて来るものだ。それこそ覚えきれないほどに。が、いったん雨が降り出すと、晴天のときに寄

ってきた人たちは次々と離れていく。

むろん、人生はそう単純ではなく、曇りもあれば、晴れのち雨もある。雨の量にも違いがある。離れた人が薄情で、離れなかった人は友情に厚い、と簡単には言い切れない。

とはいえ、天気の行方がどうあろうと、変わらず接してくれる人は、やはりありがたいものだ。にわかに態度を変えられるというのは、あまり気持ちのいいものではない。

私は前田さんと、天気に関係なく付き合った。「船」という共通の趣味があり、話が合い、一緒にいて楽しかったからだ。

はじめのうちは、有名人に対する好奇心というか、ミーハー的な興味も無かったわけではない。

だが、そういう気持ちは長く続かないものだ。慣れるにつれて「芸能人」というライトは消えていき、人間としての「前田武彦」が見えてくるのである。

ウマが合い、信頼できると思ったからこそ、私は人間・前田武彦と交流した。「バンザイ事件」で大変だとは思ったが、距離を置こうなどとは考えもしなかった。天気と関係ないところで、マエタケさんと接していたからである。

前田さんの方も、私と天気とが無関係だとあらためて感じ、より私を信用してくださった面があると思う。

テレビから干されたマエタケさんは、奥さんと共に麻布十番で日本料理屋を始めた。だが結局失敗してしまい、

「ナベさん、頼むよ」

と私に話を持ってきた。

そこで私が購入し、知人に運営してもらった。この店は、当時のTBSドラマの出演者・スタッフの溜まり場になったため、店名もそのドラマにちなんだものへと変更。森光子さん、加山雄三さん、西城秀樹さん、五月みどりさん、由利徹さん、左とん平さん、荒井注さん、泉ピン子さんたちが毎晩のごとくやってきて、ドンチャン騒ぎをしていた記憶がある。

## 泉ピン子、加山雄三の庶民性

船とは少し離れるが、当時、確かドラマ初主演だった泉ピン子さんは、印象深い人だった。私のことを「お父さん」と呼んでいたピン子さんは、

「お父さんさ、アタシは加山雄三さんの奥さんと違ってブスだけど、日本一の女優になるからね。負けちゃいられないわよ」

と、よく話していた。

そして実際にピン子さんは、「おしん」、「おんな太閤記」などで評価を高め、「渡る世間は鬼ばかり」で一流女優としての地位を確立した。日本一とはいわないまでも、「ピン」に近い役者となったことは間違いない。ピン子さんを見ていて、強烈な「意志」というものは、運を引き寄せ人を伸ばすものだと感じた。

ちなみに私はピン子さんの結婚前、

「お父さん、結婚したいんだけど、どう思う？」

と、のちの旦那さんを紹介されたこともある。この旦那さんとはその後ゴルフ仲間となった。

船仲間の前田武彦さんは、私に加山雄三さんを紹介してくれた。当時、大人気だった〝若大将〟である。俳優としても歌手としても一流で、頭も良かった。森光子さんや泉ピン子さんは、「頭がいいから」という理由で、加山さんのことを

「教祖」

と呼んでいた。

頭がいいからといって、なぜ「教祖」と呼ばれるのか。教祖というのは、頭がよくないとなれないものなのか。それは未だによくわからない。

で、あるとき森光子さんから次のように頼まれた。森光子さんもまた、私を「お父さん」と呼んでいる。

「ねえお父さん、教祖を助けてやってよ」

その頃加山さんは、事業でつまずき巨額の負債を抱えたり、スキー場で骨折したり、色々と災難続きだった。だから何とかしてやって、というわけだ。

困ったときはお互い様。私は二つ返事でOKした。

「わかった、いいよ」

そこで同じく海釣り仲間の大物を、加山さんに紹介した。天下の日産自動車副社長・石原俊さんである。その後、加山さんは日産のコマーシャルに出演するようになり、毎年日産マリーナで開催していたクリスマスパーティーにも顔を出すようになった。一度、加山さんが

「今年は出られない」

と言ったことがあり、そのときは前田武彦さんが、他の歌手をつれて出演してくれた。船仲間である私への、〝友情出演〟だったと感じている。

加山雄三さんには、日産の石原さんの他にも何人かの方を紹介した記憶がある。

加山さんは演技も歌も一流で、絵画も玄人はだしの人物であるが、人気の方も幅広い層に渡っていたのである。

## 千昌夫の人間的大きさに惚れた

外車の販売をスタートしてから多くの芸能人やスポーツ選手と知り合った、と述べた。それに加え、ハワイでホテル事業を始めたことも、芸能人やスポーツ選手の方々とのつながりをつくる契機となった。

特に名前を挙げたいのが、みなさんお馴染みの国民的歌手・千昌夫さんである。

千昌夫さんとは今も付き合いがあるのだが、初めて出会ったのは飛行機の中だったと記憶する。

昭和六十一年から六十二年にかけて、私は小佐野賢治さんの勧めにより、ハワイでのホテル買収に乗り出した。ホテル事業は未知の世界であったが、ほかならぬ小佐野さんのアドバイスである。

〈面白いかもしれない〉

と思って、ハワイ進出を決めた。清水の舞台から飛び降りる覚悟で……というと大げさだが、思い切った決断だったことは間違いない。

メーンバンクをはじめとする銀行の協力もあり、最盛期には麻布自動車グループで六つのホテル・五千五百室を所有することになった。

千昌夫さんと知り合ったのは、その買収の過程である。

小佐野さんの助言をきっかけに、ハワイの良さ、ホテルの面白さに目覚めた私は、マウイ島のウェスティンホテルも買収しようと計画した。

で、ホノルルからマウイへ向かう飛行機に乗ったら、偶然にも知人と出くわした。かねて知り合いだった、鹿島建設の鹿島昭一さんである。

そのとき鹿島さんの横に、妙に存在感のある男が座っていた。

〈あ、この人は〉

私はすぐに気づいた。この、妙に存在感のある男こそ、千昌夫さんであったのである。

挨拶を終えた後、鹿島さんにウェスティンホテルを買おうとしている旨話したら、何と、千昌夫さんも同じホテルを買収しようと目論んでいるらしい。

〈同じウェスティンか……ちょっと困ったな〉

私は無用な争いを好まないタチだから、千昌夫さんが同じホテルを買おうとしていると知って困惑した。「欲しい」という気持ちがじわじわ薄まってくるのを感じる。

そんなとき、鹿島昭一さんが言ってきた。

「渡辺さんさ、渡辺さんはもういくつもハワイに持ってるでしょ？　ここは一つくらい、千昌夫さんに譲ってあげたらどう？　みんなとっちゃうのはアレだよ」

私の決意は揺らいできた。

〈……〉

頭の中で計算も始める。

〈小佐野さんが、ハワイで六千室以上持つと独占禁止法に引っかかるって言ってたから、ウェスティンを買うと、どのみちどれか手放さなきゃならなくなる……〉

私はすでに五千五百室持っているから、ウェスティンを所有するとなると、六千という数字をオーバーすることになる。

〈ちょっと惜しい気もするが……まあしょうがないか〉

私は少し残念ではあったが、冷静に計算もして、千昌夫さんに譲ることにした。入札の折、わざと千昌夫さんより少し安い値段を入れたのである。

このハワイでの一件を機に、千昌夫さんとの友達付き合いが始まった。

千昌夫さんはイメージ通りの面白い人で、話していると実に楽しいし、一緒にいて飽きない。例えば大物バンカーである三井信託銀行社長の中島健さんの前で、持ち歌の際どい替え歌を披露するのである。

「返せない～返したいけど、返せない～」

言うまでもなく、「夕焼雲」の
「帰れない〜帰りたいけど、帰れない〜」

のもじりだ。中島さんも太っ腹だから、この、面白くはあるがどぎつい替え歌を聞いて、大爆笑していた。千さんの歌唱力と、人徳のおかげだろう。

この前会ったときも、こんな「自虐ネタ」で笑わせてくれた。

「夜中にスプーン持ってカミさんの部屋に入ったんですよ。そしたら『スプーンだけ置いてって。あんたはいらないから』って言われちゃって……」

とまあ、千昌夫さんと話していると、笑いが絶えないのである。


千昌夫さんとはビジネスで世話になったこともある。

以前、千昌夫さんは横浜の外国人墓地のすぐ上の所に住んでいた。そこで外国人の奥様と一緒に暮らしていたのだが、手放すことになった。それを私が買うことになったのである。四百坪か五百坪だったと思うが、立地条件も優れており、良い買い物だったと記憶している。

千昌夫さんは〝歌う不動産王〟と呼ばれただけあって、私が購入した場所以外にも、たくさんの土地を持っていたことは周知の通りである。

バブル崩壊後、私の方も身の回りが忙しかったため、千昌夫さんともあまり会う機会が無かった。しかし、あるとき知人から、

「今度、千昌夫さんが中野サンプラザでコンサートをやるから行ってみない？」

と誘われ、楽屋へ顔を出した。

「しばらくだねぇ」

私が言ったら千昌夫さんも喜んでくれて、再び交友が始まった。その後、何度か共にごちそうを食べに行ったが、相変わらず楽しいひとである。

私は欲しかったホテルを譲ったことで、千昌夫という得難い友人を得た。意図したわけではなかったが、結果的にそうなった。「損して得取れ」というけれど、私は間違いなく得をした。

もっともバブルがはじけてしまい、千昌夫さんもウェスティンを手放す羽目になったから、どのみち私は買わない方がよかったのだが……。

ともあれ、人生は楽しいのが一番だ。千昌夫さんと一緒にいると、私は楽しくてしょうがない。その人柄と人間的大きさに惚れてしまった。

〈あのマウイ行きの飛行機の中で、鹿島昭一さんの意見を聞いといてよかった〉

と思う今日この頃である。

## バブルの四天王高橋治則の兄「五輪汚職」の晩節に思う

令和三年（二〇二一）夏、東京オリンピックが開催された。始まる前から何かと話題の多い五輪であったが、終了後にはスポンサーがらみの汚職事件が摘発され、逮捕者が続出した。私はバブル時代、この「五輪汚職」で逮捕された高橋治之さんの弟・高橋治則さんと親しかった。そういう関係もあり、高橋治之さんのことも知っている。

高橋治則さんと私は「バブル仲間」だった。何度も触れたが、我々二人は秀和の小林茂さん、第一不動産の佐藤行雄さんと共に、〝バブル四天王〟と称された。互いの会社が近いこともあり、ノリちゃん——私は高橋治則さんのことをそう呼んでいた——はしょっちゅう私の会社へ来てくれた。私より一回りも若いから、急死しなければ今でも現役バリバリだったかもしれない。

ノリちゃんは山口敏夫さんの大スポンサーだった。のちに二人とも事件に巻き込まれてしまったが、ノリちゃんは〝牛若丸〟に相当な金を援助していたらしい。

「山口敏夫は高橋治則の自家用機に乗り、あちこち飛び回っている」——私もそんな話をよく聞いた。

いま話題のノリちゃんの兄・高橋治之さんとは、船を通じて交流があった。高橋治之さんは私の船仲間と親しかったようで、逗子マリーナによく遊びに来ていた。電通マンだけあり社交的で、遊び上手だった印象がある。

実は、千昌夫さんも高橋治之さんと知り合いで、五輪前に二回ほど、私たち三人で会食したことがある。

場所は汐留の電通ビルの中にある、豪華なレストラン。千昌夫さんはここで歌ったことがあるそうだ。

ちょうど、オリンピック前の時期だったため、私は五輪組織委員会の幹部でもある高橋治之さんに頼んでみた。

「高橋さん、オリンピックで役に付いてるけど、チケット五枚くらい融通できますか？」

さすが、高橋治之さんは、五輪界隈では相当な顔だったと見え、

「ああ、いいですよ、そんなのどうにでもなりますよ。任しといてください」

と言ってくれた。だが、会食はそれが目的だったわけではもちろん無い。今まさに美味しいご飯を食べている、そのレストランの件だった。

高橋治之さんは切り出してきた。

「実はこのレストラン、売りに出したいと思ってるんですよ。いい店なんですけど、ちょっ

と赤字でね……」

ということで、誰かに買ってほしいと言うのである。

お値段の方はかなり高額で、

「三千万円から四千万円」

が希望だった。

私は、昔のように広く投資する気は無かったし、飲食店を経営する気も無かった。だからお断りさせてもらったが、今思えば高橋治之さんの経営状態はあまり良くなかったのかもしれない。

ただ、私個人は、高橋治之さんに悪い印象は無く、カネに汚いという印象も無い。私は事件についてわからないので何とも言えないが、商売とボランティアでは、勝手が違った面があったのかもしれない。私も畑違いの美術館を経営したとき、しきたりなどで苦労した。

かつて、〝バブル四天王〟の私と高橋ノリちゃんが逮捕され、今度は〝スポーツビジネスの第一人者〟である高橋治之さんが捕まった。

「禍福《かふく》は糾《あざな》える縄《なわ》の如《ごと》し」というけれど、幸と不幸はより合わせた縄のように交互にやってくることを、痛感せざるを得ない。

# 遺言

## 私の至福の時間の時

昭和三十二年、長男の春吉誕生の後も三人の子宝に恵まれた。上皇陛下、上皇后陛下がご成婚された昭和三十四年には、長女のひとみが誕生。東京オリンピックが開催された昭和三十九年には、次女の千佳子が誕生。川端康成が日本人初のノーベル文学賞を受賞し、千昌夫さんの「星影のワルツ」が大ヒットした昭和四十三年には、次男の記世志が誕生した。息子が二人、娘二人。〝一姫二太郎〟である。

その子供たちに続いて、孫にも恵まれた。長男、長女、次女には一人ずつ、次男には三人の子供がいる。つまり私と佳子は、今や六人の孫のお爺ちゃん、お婆ちゃんである。

ここ十年くらいは、毎年二回のお彼岸に、家族親戚で集まって、ワイワイガヤガヤやっている。喜ばしいことに、息子や孫たちも私に似て海や釣りが大好きなので、よく家族みんなで船に乗る。

あの懐かしい幼少の日、私は父に連れられ東京湾へと「釣りツアー」に出た。今度は私が子や孫を引き連れて、三宅島などに繰り出している。祖父―子―孫と、家族三代が、いや、曾祖父─祖父─子─孫と、家族四代が、共通の趣味を持って共に楽しむということは、人生の醍醐味である。

私は毎日が楽しい。九十歳近くになった今も、

〈今日は何をしようか〉

〈明日は何をしようか〉

と、子供のように胸を弾ませている。

共に戦災孤児となった姉のすみ子もまだ元気だ。昭和六年生まれの九十一歳。夫には先立たれてしまったが、老いてますます盛んである。お互い少なくとも百歳まで生きて、早くに逝ってしまった父や母、妹たちの分まで人生を謳歌したいと思っている。

ときに私は九十近くにもなって、まだあちこちほっつき歩いているものだから、よくこう聞かれる。

「渡辺会長はずいぶんお元気ですけど、何か健康の秘訣はあるんですか？　健康のために、例えばどんなことをやってらっしゃるんですか？」

そこで最後に、私の健康法について述べたい。

何をおいても重要なことは、「なるべくストレスを溜めないこと」である。

私はタバコを吸っている。酒の方は七十ぐらいの頃にやめたが、ニコチンの方はやめていない。一日十本程度だが、スパスパやっている。

よく「タバコはやめろ」といわれるが、やめることのストレスの方が、健康に悪いと勝手に思っている。

喫煙者の身勝手な言い分かもしれないが、ゆとりをもって楽しく紫煙をくゆらせることは、気分を落ち着かせる。気分が落ち着くということは、体をリラックスすることにもつながる。そう考えている。

そして私は、リタイヤした今も、幅広い世代の人たちと交流している。同世代の方々はもちろん、中年の世代や若い人たちとも接している。これもストレスを溜めないことに役立つ。

今の現役世代の社長の方々は、私の息子くらいの年齢の人が多い。また、取材に来る人たちや、経営セミナーに来る人たちの中には、若者世代の方も少なからずいる。

同世代の老境組と話すのは、時代や思い出を共有しているから楽しい。社会の中心である中年組と話すのは、世の中のナマの姿を聞けて勉強になる。若い人たちと話すのは、知らない世界を知ることができるし、何より気持ちが若返る。

老・壮・青と触れ合うことで、それぞれの世代の長所を吸収する。これは楽しいうえに勉強になって、人生を豊かにしてくれる。人生が豊かになれば、ストレスなど溜まりようがないのである。

また、週に一度、あるホテルのジムに通って体を動かしている。別に大村崑のようにマッチョになろうとしているわけではなく、プールの中を歩くのである。

十五メートルの長さを六往復。少々くたびれるけれど、これをやるとその日の夜はぐっすり眠れる。

しかもジム通いの良いところは、様々な人と知り合えることである。各界のトップクラスの人や著名人も来ているし、ヨソでは知り合えないような人と親しくなることもある。「幅広い世代と交流している」と述べたが、私はジムで「横のつながり」を広げることができた。プールの中を歩くだけなら飽きてしまうかもしれないが、ジムにはこういう「社交の場」といった側面もある。だから私は毎週サボらず通っているのである。

本章では家族との思い出や、私の少年時代についても綴り、健康についても述べた。しかし書いていてあらためて思うのは、家族と健康の大切さである。この二つに恵まれたからこそ、今日の私がある。読者の皆様も、どうか家族と健康だけは、おろそかにしないでほしい。そうすれば、人生は幸せであるはずである。

## 人生もまた春夏秋冬である

思えば私の人生は、いつも天国の両親に守られてきた。

東京大空襲で父と母を亡くしたのが十一歳のとき。それ以来、天国の両親は、私にたくさんの幸せと、たくさんの試練とを与えてくれた。私は天国を見ることができたし、地獄も見た。「ジェットコースター」といわれる起伏の激しい人生だったが、天国の両親は、私に様々な経験をさせたかったのかもしれない。私は普通の人よりおそらく何倍も、経験値が豊富であることは間違いない。

そこで本書の最後に、あまたの経験を通じて得たことや、感じたことを綴りたい。いわば私の〝遺言〟である。

「人生には本当に春夏秋冬がある」――私は今日まで生きてきて、つくづくそう思う。穏やかな春がやって来て、順風満帆の夏が来る。落ち着いた秋が来るときもあれば、寒くて苦しい冬も必ず来る……それが人生だというのが、八十八歳になる私の実感である。

私は、まあまあ恵まれた家庭に生まれた。両親の愛情を人一倍受けたし、家計も貧しくはなかった。友達も多かった。つまり私の人生は、穏やかな「春」からスタートした。

春の次は夏のはずだが、私の場合、そうではなかった。東京大空襲で両親と妹たちを亡くすという、寒くて苦しい「冬」が来たのだ。それも極めつけの「厳冬」だった。

戦災孤児となった私は丁稚奉公に出た。そこで無我夢中になって働いた。そして様々なことを学んだ。ついには独立して、自分の城を構えた。再び暖かい「春」が来たのである。

会社は順調に伸びた。業界のトップクラスになった。人脈も行動範囲も広がった。順風満帆の「夏」が来たのだ。

夏の次は秋のはずだが、オイルショックでまた「冬」となりそうになった。しかし、助けてくれる人がいて、順番通り「秋」にとどまることができた。

バブル時代を迎え、世界で六番目の金持ちになった。当時、「世界でいちばん熱い夏」という歌が流行ったが、私のもとには「真夏」どころか「世界で六番目に熱い夏」がやってきたのである。

ところが、またも季節は順番通り来なかった。とびきりの「真夏」が過ぎた後、うららかな「秋」は来なかった。バブル崩壊と逮捕という、「厳冬」が数十年ぶりにやってきたのである。

だがその後、二十年かけて立て直し、ようやく落ち着いた「秋」を迎えた。そして現在に至っている。

私の四季は少々メリハリが利き過ぎていたが、どんな人にも春夏秋冬がやって来る。夏が来たからといって調子に乗ってはいけないし、冬だからといってあきらめてはいけない。四季の節目は竹の節目と同じで平らではない。その出っ張った節目、節目をどう過ごし、どう乗り越えるかで、その人間の強さが決まってくると思う。

私の場合、戦災孤児になるという「厳冬」の時代に商売を覚え、それが幾星霜《いくせいそう》を経て「真夏」を招くことにつながった。

オイルショックでまた「冬」が来ようとしたときは、日産の石原さんが助けてくださり、自分を守ってくれる〝金屏風〟の大切さを認識した。

〝金屏風〟のありがたさに気づいたことで、それまで以上に感謝の念を持つようになった。そしてその感謝の念を持つことで、それまで以上に先輩方に可愛がられるようになった。その先輩方――小佐野賢治さんや中島健さんたち――の薫陶と協力も、「真夏」を招くことにつながったのである。

そして今、私が「秋」を謳歌できるのも、バブル崩壊という二度目の「厳冬」の時代、逃げずに後始末をしたからだ。二十年かけてトンネルを抜け、紅葉を楽しんでいる気分である。

誰しも経験する春夏秋冬の節目、節目を乗り越えることで、私たちは強くなっていく。

◉雑誌『プレジデント』で昭和57年6月掲載の父と娘の肖像。品川区の我が家で取材を受けた。右が長女ひとみ、左が千佳子。我が家は敷地800坪、建坪200坪、残りの60坪余りをテニスコートにしていた。長女のひとみが生まれた頃は、我が家は貧乏のドン底で、夫婦が死にものぐるいで働いていた。そのおかげで自立心の強い子になった。次女の千佳子は快活で明るい性格だが、いったん決めたことは、誰に何を言われようと、実行する強い意志を持っていた。私と妻にとってかけがえのない二人である。

◉いまの私の夢は、もっともっと、時間がほしいことだ。

## 人生はトータルで「公平である」ことを忘れてはいけない

「人間、生まれたときから死ぬまでの間、お天道様はみんなを公平に見てくれている」――私はこうも考える。

人生は、同じスタート地点では始まらない。

「オギャー！」

と生を享けたとき、ババのカードを引いてしまった人、ダイヤやスペードのエースを引いた人……裕福な生まれを指す「銀のスプーンをくわえて生まれた」という言葉があるように、人は生まれたときから「格差」がある。最近では、生まれた環境によって人生が決まるという意味の、〝親ガチャ〟なる言葉が流行語になっているらしい。

けれども、人生をトータルで見た場合、誰にでも公平に運やチャンスはめぐってくるものだと私は思う。

生まれたときに良いカードを引けば、確かにはじめのうちは何かと有利だろう。

でも、人生で一度もババのカードを引かない人などいない。

どんなに恵まれた環境の人でも、生きている間、必ず一度はババを引く。世の中はそのようにできている。それならば、むしろ若いうちに貧乏くじを引いた方が、長い目で見ればプラスになることだってある。私自身がそうだったからだ。

私は十一歳のときにババを引いた。何度も言うけれど、東京大空襲により家族を失ったことだ。

そのため丁稚奉公に出た。そこで、一生懸命働けば、主人や偉い人にかわいがられることを学んだ。

〈仕事をこういうふうに片づけて遊びに出れば、主人も気持ちよく送り出してくれるんだな〉

という要領もつかんだ。

さらに、帳簿や手形など、商売の基本も覚えた。人の話を聞いたり、教わったりする習慣も身についた。掃除もできるし田んぼや畑の手入れもできるし、子供のお守りだってできる。

私は十代の後半にして、営業も経理も雑用も、全て一人でこなせるようになったのである。

そして私は、そうした商売のノウハウを十二分に生かし、自ら会社を立ち上げた。経営者になってからも、丁稚奉公時代につくった土台が役立った。というより、扱う金額や範囲が拡大しただけで、全ては丁稚奉公時代の延長だったといっていい。

小学生の身でババを引き、丁稚奉公に出たことは、今振り返ればまたとない「チャンス」

であった。商売の基本をマスターできるという好機である。そして私は、その絶好のチャンスをつかみとり、事業家として成功することができたのである。

つまり、チャンスはどこにでもあるのだ。無いように見えても、実はそこいらじゅうに転がっている。それがチャンスだと気づかないだけで、お天道様はみんなに対して公平に、幸運の機会を与えてくれているのである。

そのチャンスをモノにできるかできないかが、運命の分かれ道になってくる。〝親ガチャ〟を持ち出し「格差」を嘆いている人は、チャンスを見逃した人や、見つけようともしていない人だ。それではあまりにももったいない。嘆く前に、まずは好機を探してみるべきだ。

では、なぜ私は運やチャンスをつかむことができたのか。

ふてくされず、卑屈にならず、常に前向きに働いてきたからである。

「そんな当たり前のことを」――と思う方もいるかもしれない。しかし、これは誰にでもできることではあっても、簡単にできることではない。現に、〝親ガチャ〟を叫んでいる人の中には、言い訳や不満のはけ口で言っている人もいるだろう。

私は丁稚奉公時代、汚れ仕事や人の嫌がる仕事を率先してやっていた。

チャンスをつかもう、などと考えていたわけではない。

〈（奉公先の）主人に気に入られたい〉

〈ここで大事にされたい〉

と思っただけだ。

奉公先には私と同学年の子供がいた。私とは食事の場所も違っていた。でも、それがおかしいとは思わなかった。家族と丁稚奉公とでは、扱いが違って当たり前、と思っていた。だけれども、みんなに大事にされたいと思って、子供なりに知恵を絞った。で、

〈どんな仕事も嫌がらずに引き受けよう、引け受けたら真面目にやろう〉

と思い立ち、その通りに実践した。新しい仕事が出てくれば、いち早く手を挙げ引き受けた。

「職業に貴賤《きせん》はない」

というけれど、私は
「仕事にも貴賤はない」

と思う。

豊臣秀吉が若い頃、織田信長の草履を暖めた話はみなさん知っているだろう。秀吉は、単なる雑用にすぎない草履取りを本気でやった。その結果、

〈信長様のために暖めたらどうか。気に入ってもらえるのではないか〉

と考えて、信長の懐に飛び込むことに成功した。そこから秀吉は、破竹の勢いで出世して、

ついには天下人となった。単なる雑用を馬鹿にせず、真剣に取り組んだことにより、出世の糸口をつかんだのである。

太閤様と比較するのはおこがましいが、私も同じケースである。

雑用を馬鹿にせず、あらゆる仕事を本気でやった。そして覚えた。その結果、ビジネスの基本を体得することができた。しかも、どんな仕事も厭わなかったことで、目上の人や先輩方に重宝され、目をかけられた。それらが全てあわさって、私は飛躍することができたのである。

人生をトータルで見てみれば、お天道様は誰にでも公平にチャンスをくれる。必ずくれる。それをどうつかみ取るかが勝負だ。ふてくされていてはダメ。どんな仕事であろうと、真剣に前向きに取り組もう。それがチャンスをつかむコツだ。

たった一度のかけがえのない人生を、ふてくされて生きるなんてもったいない。常に前を向き、チャンスを見つけよう。それはよく見れば、あちこちに転がっているものなのである。

## 決して人を裏切ってはならない

「決して人を裏切ってはならない」——私はこれも大事だと思う。特に経営者にとって大事だと思う。

私は戦災孤児となったから、子供の頃から周囲は「他人」ばかりであった。頼れる家族がいないため、丁稚奉公の頃から
〈みんなに信頼されなければならない〉

と思っていた。

で、みんなに信頼されようと、精一杯仕事をした。そのうち、「約束」を守れば信頼されるということに気づいた。

約束を守り、守れそうにないときは事前に伝える。埋め合わせもする。この簡単なことが実に重要なのである。

商売を始めた頃の話だ。小切手を、期日までに落とせなくなったときがあった。

〈ただ謝って、延ばしてくれと頼むだけじゃダメだ〉

そう考えた私は先方の家に先回りし、〝必殺技〟を使った。もう、おわかりだろう、せっせと車の掃除をしたのである。そのうえで、

「大変申し訳ありませんが……」

と、延期をお願いすると、大抵はＯＫしてくれた。

期限に間に合いそうもないときは、事前に伝えるだけではなく、埋め合わせも必ずする。

私はそれほど「約束」を守ることにこだわった。

「約束」を破るとは、度が過ぎると「裏切り」につながる。私はこれまでの人生で、人を裏切ったことは一度もない。むろん、裏切りたくなるような、不快な場面はあったし、裏切られたこともあった。しかし、私自身は、人を後ろから切るような真似だけは、絶対にしなかった。

生まれつき、そういう性分だったというのもある。だが、そればかりでない。もし、人を裏切ってしまったら、自分の中で何かが崩れてしまうような感覚があったのである。

先述したごとく、私は丁稚奉公時代の初めから、「信頼」を重視してきた人間だ。だから、仮にやむを得ぬ事情があったとしても、誰かを裏切る行為に出てしまったら、自分自身を否定することになる――そういう気持ちがあったのだ。

人を絶対に裏切らない、という生き方は、事業の上でもプラスに働いた。

よく、こんな話を聞くだろう。

「財閥系企業の役員などは、一代で成り上がった経営者を見下したり、警戒したり、距離を置いたりする――」

けれど、私に関しては、そんなことはなかった。それどころか東京日産自動車販売の吉田政治さん、住友不動産の安藤太郎さん、日産自動車の石原俊さん、昭和電工の鈴木治雄さん、三井信託銀行の中島健さんといった旧財閥系企業の大物が、私を殊《こと》のほか可愛がってくださった。そのことと、私が人を裏切らなかったことは無関係ではないと思う。

ビジネスをしていると、たまに大小の裏切りに遭遇する。

「サインする直前に、契約書を破り捨てる」――。

バブルの頃はこんな事例すらあったらしいが、これは極端なケースとしても、小さな約束違反は時たまある。そうした破約は論外としても、人の儲けを奪ったり、手柄を横取りしたりした、なんていう話はよくあった。

私は破約も横取りもしなかった。

そんな、「信頼」を失うような振る舞いはしなかった。経営者同士というものは、互いにやり方を見ているものだ。財閥系企業の先輩方も、戦災孤児上がりの自動車屋を観察したであろう。で、面映ゆいけれど、

〈この渡辺喜太郎というのは、少なくとも人を裏切ったりするヤツではなさそうだ〉

と思ってくださったのだと思う。

寝首をかいて利益を得ても、結局は損をする。「信頼」という最も大事なものを失う。それこそお天道様が見ている。

人を裏切るような真似だけは、絶対にすべきではない。

## 人の真似をせず、自分で考えたことをやってほしい

「人の真似をせず、自分で考えたことをやってほしい」――私はこれも大事だと考える。

経営者仲間たちと話していると、「ビジネスチャンス」がめぐってくることが少なくない。

「今やってるこの仕事、結構順調なんだけどさ」

なんて儲け話を聞いていると、私も
〈いいな……〉

と思う。あやかりたいと思う。だが、

「その仕事、もう一口あるんだけど、どうする？　あんたも乗りますか？」

と誘われたときは、乗らないようにしてきた。

なぜか。

私は事業というものを、

「自分で始めたことを、自分でやる」

ものだと考えていたからである。

私は丁稚奉公時代より、自分で考えることを意識していた。自分の頭で考えて、壊れた機

械を修理した。営業マンに転じた後も、自分の頭で考えて、掃除作戦を考案した。子供の学校の送り迎えも、自分で考えた営業方法だ。

自分で考えたやり方は、まだライバルはやっていないやり方でもある。掃除や送り迎えなんて、他の人はやりはしない。供給が私だけの〝超売り手市場〟なのだ。自分で考えて行動したから、私は事業を伸ばすことができたのである。

時には人の真似をしたり、後にくっついたりするのもいいだろう。だが、それはほどほどにしておこう。でないと、自分の頭で考える習慣が、身につかなくなってしまう。そうなると、事業であろうと別のことであろうと、いつか必ず行き詰まる。

人間、いつも近くにお手本やら、仲間やら、パートナーやらがいるわけではない。自分一人の判断で、決めなければならない場面がいずれは来る。そのときに、自分の頭で考えるクセがあると無いとでは、結果は自ずと違ってくるだろう。

自分で色々なことを考えて、悩んでほしい。そして、その結論として生まれた何かを始めてほしい。

そうすれば、必ず成功すると保証する――などと無責任なことは言わない。世の中そんな甘くはない。失敗することもあるだろう。私自身、バブル崩壊に見舞われた。でも、自分で考えて行動すれば、「悔い」はあまり残らないはずである。

## もう一度生まれ変わっても「渡辺喜太郎」になりたい

私は最近、ある人からこんな質問をされた。

「会長、もう一度生まれ変わったら、また『渡辺喜太郎』に生まれたいですか？」

私は一瞬、迷った。

「……」

が、すぐにこう答えた。

「うん。そうだね」

質問者は少しうらやましそうだった。

私は人一倍苦労もした。早くに両親や妹たちを亡くしたし、バブルがはじけて大切なビルやホテルを手放した。慣れぬ仕手戦に巻き込まれたり、逮捕されたりもした。悔しい思いも人一倍している。しかし私は、それ以上に楽しい思いをしてきたのである。

父が働き者だったから、お金の苦労はしなかった。子供の頃から多くの友人に恵まれた。幅広い分野の方々と知り合って、たくさんの思い出をつくることもできた。自分の会社を立ち上げて、その会社を大きく発展させることができた。世界で六番目の金持ちにもなれた。

◉写真右上は昭和45年に麻布十番に建設した本社ビル。ここからさまざまなドラマが生まれた。左は現在の本社ビル。旧本社ビルを改装して、モダンな建築様式に衣替えした。下は逗子マリーナに係留している渡辺家11代目のクルーザー。

戦災孤児にはなったが、戦後は家族に恵まれた。可愛い子供たちにも恵まれたし、もっと可愛い孫たちにも恵まれた。

健康にも恵まれて、今も船に乗っている——。

やはり、もう一度生まれ変われるとしても、私はまた「渡辺喜太郎」がいい。

そしてまた、同じ両親のもとで育ち、同じ家族を持ち、同じ仲間たちと付き合い、同じ会社をやってみたい。

昭和九年生まれの私はもうすぐ八十九歳。あとわずかで九十歳を迎える。ずいぶん長生きしたものだ。本当は、あと二十年くらい生きたい。欲しいものは何かと問われたら「あと二十年の命」と笑って答えたい。孫たちの成長をもっと見守りたい。だが、それはさすがに難しいだろう。でも、今や「人生百年時代」である。残りの人生も、これまで通り全力投球していきたい。

天国の両親と、これまで出会った全ての方々に感謝して、本書を終えたいと思います。最後までお読みくださって、誠にありがとうございました。

# 渡辺喜太郎

わたなべ・きたろう

一九三四年（昭和九年）東京生まれ。
戦災孤児から、足利での丁稚奉公を経て、22歳で自動車販売会社を設立し、
中古車、高級外車の販売、不動産で成功する。
最盛期にはハワイに6つの高級ホテル（部屋数5、500室）、港区に165カ所の土地・建物・
栃木県に27ホール・ホテル温泉付きゴルフ場「喜連川カントリー倶楽部」を所有した。
資産55億ドルとして世界第6位の富豪となるまでに上り詰めた。
バブルの崩壊によって資産を失ったが、20年をかけて会社の整理を完了させた。
現在は「麻布グループ会長」として活動しながら講演活動や、
若い人たちのためにセミナーや社会活動などを行っている。



本書に掲載した写真はすべて著者の提供によるものである。
協力　栗原直樹・麻布グループ
著者撮影　小島愛一郎

# 我が人生の記

二〇二三年一月二十六日　第一刷発行

著者――渡辺喜太郎
発行人・編集人――阿蘇品 蔵
発行所――株式会社青志社
〒107-0052 東京都港区赤坂5-5-9 赤坂スバルビル6階
本文組版――株式会社キャップス
印刷・製本――中央精版印刷株式会社


ISBN 978-4-86590-146-7 C0095